Eurus

Notus

結城康博
Yasuhiro Yuki

在宅介護

——「自分で選ぶ」視点から

Boreas

Zephyrus

岩波新書
1557

目次

目　次

目次

序　章

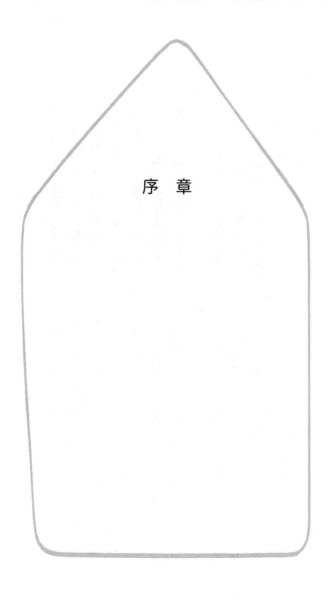

「在宅介護」というと、嫁や娘が自宅で従事し、最期まで看取るといった印象が先行しがちだろう。もっとも、最近は「男性介護」と言われ、息子や夫も介護に携わるケースが増えており全体の三割を占めるようになった。四〇過ぎの独身や既婚者の男女の多くは、それほど遠くない親の「介護」について不安を感じている。

全国の著名な女性雑誌を見ても、「親の介護にいくらかかる?」「介護は突如としてやってくる!」といった特集が多く組まれている。長年の知り合いの雑誌編集長に聞くと、「ここ数年「介護」をテーマとした記事を企画すると、雑誌の売上げ部数が増える」と話す。

また、子どものいない五〇代後半から六〇代の世代は、自分自身の老後について切実に考えている。多くのマスコミを通して、公的施設に入所しづらい話を耳にする機会が多く、「いつまで独り、もしくは老夫婦で、在宅介護が続けられるのか?」といった不安が募るのだろう。

1．姑の介護のために離職した嫁

長い介護生活

五九歳になる中根良美さん(仮名)に話を聞いた(二〇一三年四月一八日)。嫁として義理の母スミさん(仮名)を、九七歳で亡くなるまで一八年間、在宅で介護していた。二四歳で良美さんが嫁に来てから、三三年間の付き合いであったという。結果的には自分の親よりも長く同居し、嫁姑という関係で苦楽を共にした。

姑の物忘れに気づいたのは、二〇年くらい前になる。足腰も丈夫で何ら健康上問題はなかったが、老人クラブの会合や近所の知人とのトラブルが目立つようになった。「隣の田中さんが意地悪をして、次回の会合時間を教えてくれなかった」と、スミさんの愚痴というよりも被害妄想に近い言動が多くなっていった。

家族の留守中に電話を受け取っても伝言せず、後から困って家族が尋ねてみると「まったく知らない。電話を受けた覚えがない」と応える。嘘をついている節がない姑を、家族全員が変だと思いつつも、本人が病院への受診を嫌がり、なかなか難しかった。

認知症の疑いのある高齢者の多くは、家族が通院を勧めても激しく拒む。特に、身体機能に問題のない高齢者は、病院に行くことを嫌う。腰痛、高血圧、不整脈といった疾患があれば、ついでに脳波などの検査をしてもらい、認知症か否かの検査も可能なのだが、スミさんは、ほとんど風邪もひかず元気であった。

認知症と診断

そして、スミさんが八六歳のとき、白内障の治療が必要となり大学病院へ入院することになって、ようやく検査をすることができた結果、認知症の診断が下され医学的アプローチが可能となった。ただ、当然ながら本人にはまったく認知症の意識はなく、医師から定期的な受診を勧められたので、通院をしぶしぶ受け入れたという。いずれにしても通院が可能となり、介護保険制度の認定申請も可能となった。

かねてから良美さんは、アルツハイマー病との正式な診断が下される前に、認知症と確信していた。そのため、介護サービスの利用について市役所の介護保険課に相談に行ったのだが、意見書を記載してもらう医師が見つからず、なかなか介護サービスにつなげることができなかった。介護サービスを利用するには、本人の介護状態を判断する認定調査を経なければならず、そのプロセスで医師の意見書が必須となっている。

ようやく認定調査も可能となり、要介護度4（当時）との判定が下された。身体機能にそれほど問題ないにもかかわらず、認知症の度合いのみで最も重い要介護度5に次ぐ要介護度4と判定されたのは、それだけかなり認知症の悪化が進んでいたことになる。家族は共に生活しているため、認知症の症状が徐々に進んでいくと、相当程度重くならないと気付かないものだと、良美さんは振り返る。

鏡に映る他人

良美さんはインタビューの中で、重い認知症の具体的なエピソードを一つ紹介してくれた。ある日、スミさんが良美さんに「お客さんがいるから、お茶を出してあげて」と、自分の部屋から声高らかに呼んだ。誰も訪ねていないし、昼間ふたりで居るのに変だと思いながら姑の部屋に行くと、スミさんは鏡台の中の自分に「どなたですか？　どこから来たのですか？　お茶でも飲みましょう！」と、優しげに話しかけている。

そして、暫くその光景を良美さんが見ていると、まったく反応しない鏡の中の自分に対して、腹を立てるようになり、「どうして話しかけても喋らないの？　変な人ね！　どこか具合が悪いのかしら？」と、鏡に向かって感情的に話すようになる。「お義母さん、では、私がこのお客さんの対応をしますので、リビングで待っていてください」と言うと、「では、お願いね！」と自分の部屋を去っていった。良美さんは鏡台に布をかけ、リビングに行きスミさんとは暫く客のことは話さずにいると、そのことはまったく忘れてしまい、スミさんは新聞を読みはじめた。

認知症の高齢者は一時的に気になることがあると、拘る傾向にあるものの、興味・関心が他に移ることで問題行動が止むという。強引に行動を抑制することなく、優しく拘っている事象から関心を薄めていくことが重要だそうだ。ただ、このような対応を一日、何回も繰り返すため、家族は対応に疲れてしまう。

介護離職となる

良美さんは、五〇歳まで教師として約二〇年間勤務していた。子どもは二人いたが、下の子が大学に入学するとき、スミさんの「介護」を理由に退職したという。それまで共働きを続けるために、保育園や学童保育を利用しながら産休・育休といったプロセスを踏んできた。できれば六〇歳の定年まで働きたかったそうである。

しかし、スミさんの認知症の症状が重くなって、昼間、独りでいられなくなり、家族会議の末、良美さんが仕事を辞めることになった。夫は三歳年上であったが、会社の管理職に就いており、雰囲気的に自分が退職するしかなかったという。

その決断を促した決定的な出来事は、スミさんが良美さんの職場に頻繁に電話をかけるようになったことだった。実の息子である夫に相談すると怒られるため、自然にスミさんは良美さんとの関係が強くなっていく。宅配便の配達人に対し、「良美さん、変な人が訪ねてきた！」「良美さん、醤油がないけど」と、些細なことでも職場に電話をかけるようになる。一日、一〇回程度かける日もあったという。

晩年には、夫(実の息子)や夫の姉(実の娘)も他人と思い込み、「どちらさまですか？　良美さん、あの人は誰？」という状況になった。ただし、嫁である良美さんだけはスミさんも顔と名前は一致し、認知症が進行しても頼り続けた。今思えば、良美さんが他人である義母を最期まで「介護」し続けられたのは、唯一、頼られる存在だったからかもしれないと話す。

なお、共働きをやめても生計は何とかやりくりできたが、やはり二人の大学生の教育費を考えると、退職したことで厳しい状況になったことは否めなかった。施設に入所させることも家族で考えたが、本人が納得しないし、家族全体も自宅で看るという雰囲気になったので、自分が仕事を辞めることにしたそうだ。

嫁が仕事を辞めて、親の「介護」をするというのは保守的な家族だと思われるかもしれないが、自分はそれでもいたしかたないと納得したという。

2. 在宅介護は拡がるのか？

在宅介護サービス

昨今、国は「地域包括ケアシステム」というネーミングで、在宅医療と在宅介護を基軸とした、医療・介護施策を推し進めている。簡単にいえば、高齢者に何らかの医療や介護サービスの必要が生じても、病院や施設でケアされるのではなく、できるだけ住み慣れた自宅で最期まで暮らしていけるシステムを構築することである。いわば介護と看取りの中心を、「病院や施設」から「在宅」に移行していくという意味である。たしかに、住み慣れた自宅で誰もが要介護状態となっても、最期まで暮らしていけることは理想であろう。

ただし、筆者は「在宅介護」は、そう理想に満ちた側面ばかりではないと考える。先の良美さんのケースで認知症高齢者の実態を紹介したが、身体機能が低下した重度の要介護者における家族介護の負担も、相当に重い。日々、排泄介助、食事介助、入浴介助と先が見えない介護生活が徐々に家族の心身を疲労させる。

もっとも、現在では二〇〇〇年に介護保険制度が創設されたことで、在宅介護サービスや医療サービスもかなり使いやすくなり、二〇年前の在宅介護に縛られた家族の様相とは少し異なっている。地域によっては、上手に社会資源を利用しながら、それほど家族の負担なく看取りまでいくケースも少ないながらも見受けられる。

在宅介護が可能かどうかは、地域の社会資源が整備されているか否かといった、一種の「運」によるかもしれない。

家族構成の変容

けれども、二〇年前と比べて社会資源は整ってきたものの、家族構成の変容は著しい。全世帯に占める独居高齢者、老夫婦世帯の占める割合が増大し、家族の介護力に頼ることが難しくなっている。

しかも、娘や息子といった介護者がいたとしても、介護者は一人のみで、かつてのように兄弟や姉妹数人で親を看るという形態は少なくなっている。従来、長男夫婦が親と同居して看ていても、順番で次男や長女の家族が交代で介護を請け負う光景がよく見られた。それによって、主たる家族介護者は、一時的にでも介護から解放され、休息できる機会も多々あった。

もっとも、昨今、子が一人しかおらず、かつその子が独身で親と二人暮らしといった、いわゆる「シングル介護」のケースも珍しくなくなった。介護サービスといった社会資源は、いくらかは整ってきてはいるものの、逆に家族の介護力は大きく減退しているといえる。

このような家族環境の下、これから超高齢社会に突入していく日本では充分な社会資源を整える必要がある。それに対し、よくマスコミ報道を通して、「伸び続ける社会保障費を抑制するしかない」「医療や介護サービスの財源が足りない」「高齢者の負担を増やすべきだ」といった論調を耳にすることが多い。

このような社会情勢において、現行よりも介護サービスが「充実」する可能性は低いといえるかもしれない。むしろ、保険料の上昇といった負担増やサービス抑制といった、厳しい介護施策の方が現実味を帯びてきている。

3．目まぐるしく変わる制度

複雑化する制度

基本的に日本の介護システムは介護保険制度が基軸となっており、その法改正もしくは介護報酬（介護サービスの値段）が三年おきに改定されるため、その度に高齢者や家族は専門職である介護従事者から、制度の変更点の説明を受ける。もっとも、細かい制度改正の内容を聞いても、七〇歳代もしくは八〇歳代の高齢者は「何が変わったのか？　前より利用しやすくなったのか？　サービスが使いづらくなったのか？」といったように理解に苦しむことが多い。目まぐるしく変わる制度が複雑すぎて、もはや介護従事者ですら理解するのに時間がかかる。

かといって介護保険制度は介護サービスの根幹をなしているため、その動向を利用者ともども理解しなければならない。今となっては、二〇〇〇年に介護保険制度が創設された際に言われた、「利用者が自ら選択できる介護サービス」というコンセプトは、幻想だったのかと筆者には思えてならない。

しかも、介護サービスの担い手が、民間介護事業者に部分的に移行したことで、採算性の側面から、逆に利用者(高齢者)が選別されてしまう事態も少なくない。現在でも介護保険制度が創設されたとはいえ、サービス量と利用者数のアンバランス傾向には歯止めがかからず、結果的に充分なサービスを享受できない高齢者やその家族は、「介護難民」となって苦労している。最悪の場合には、「介護殺人」「高齢者虐待」といった痛ましい事件にまで発展するような例が後を絶たない。

根強い施設志向

日本の介護システムが措置制度(旧制度)から介護保険制度に大きく移行した際、「施設介護」から「在宅介護」へ、「住み慣れた地域で暮らすための新システム」「利用者による自己選択」「行政主導から利用者本位へ」といったスローガンが叫ばれ、誰もが安心した老後を迎えられる介護システムが構築されると期待した。日本の社会保障制度史上、介護保険制度の創設は大きな出来事であり、超高齢社会に突入するにあたって大きな切り札として導入された。

けれども、未だに「介護」といえば「施設」がイメージされやすく、「在宅介護」といった意識は芽生えてはいるものの、最期は「施設で」と、割り切る高齢者が多い。むしろ、介護保険制度の創設によって、保険料を納めているから施設に入れるだろうといった意識が強くなり、「施設志向」が高まっている傾向は否めない。「在宅介護は理想だが、充分な在宅サービスが享受できない以上、家族に迷惑をかけてしまうので、寝たきりになったら施設に入りたい」という人も多い。

また、利用者側である高齢者自らの自己選択能力が低下していることも忘れてはならない。具体的には、年々、認知症高齢者が増加し、全世帯の中で単身高齢者もしくは老夫婦世帯の割合が大きくなるに従い、サービスを自己選択できない高齢者が増えている。このような背景もあって、「施設」に入所してしまえば安心という家族の心情が根強く存在し、在宅介護が完全に普及しない理由ともなっている。

介護士不足の深刻化

現在、有効求人倍率が改善され、雇用情勢はやや良い方向に進んでいる。その中で、介護分野の有効求人倍率は二・〇台を超え、深刻な人材不足に陥っている。

ただし、大不況下においても介護人材の有効求人倍率は一・〇倍を超えるありさまで、慢性的な人材不足である。一時、日本経済が回復基調となっても、介護人材不足はさらに深刻化し「人手が確保できないため、サービスが供給できない」といった介護事業所の困窮ぶりが窺える。

雇用主である介護事業者は質の高いマンパワーを採用できず、結果として利用者は良質な介護サービスを享受しづらくなる。特に、施設よりも在宅部門でのマンパワー不足は深刻で、国が目指す「在宅介護」重視の方向性は、在宅部門のマンパワー不足のために実現できないかもしれない。

しかも、慢性的な介護人材不足は、介護施設等で介護士による要介護者への虐待事件の発生を加速させてしまう。人材不足であるから、質を問わずに誰でも雇用する傾向が介護現場であるため、介護に対する意識が低い人材が現場で働くこととなり、結果的に虐待といった事態を招いてしまうのである。介護人材不足が深刻化することは、直に、要介護高齢者の安全・安心といった介護生活を脅かすことにつながる。

4. 本書の構成とねらい

筆者は、二〇〇八年『介護――現場からの検証』（岩波新書）という著書を公刊し、その中で介護現場の問題を拾い上げ、それらを踏まえた介護システムの道筋を描いた。

介護というリスク

本書は、その続編という意味合いが少なからずある。

今回も同じように、介護現場の声を拾いながら、とりわけ「在宅介護」分野を中心にその問題点を整理した。そして、どのような条件が整えば「在宅介護」が普及し、何とか施設に頼らずに在宅で暮らしていけるかを探究している。

本書に掲載されている先輩介護者及び要介護者の体験談、介護に関する制度及びシステム解説を目にすることで、「介護」というリスクに備える一定の基礎的な知識が身につくであろう。そして、親の介護を不安に感じている人、近い将来、訪れるだろう自分の介護に備えたい人にとって、有益な情報が得られることと筆者は考える。

在宅と施設は車の両輪

ただし、本書では「在宅介護」というテーマを中心に論じてはいるものの、「施設介護」にまったく触れないわけではない。むしろ、「施設」と「在宅」といった二分法的な考え方ではなく、「在宅介護」と「施設介護」が相互に組み合わさることで、安心した介護システムが構築されると考える。その結果、「在宅介護」が普及し多くの要介護高齢者が住み慣れた地域や自宅で最期を迎えることができるのである。

本書の構成

本書は、大きく三つの枠組みから章立てしてある。一つ目として、第1章から第3章にかけては、介護現場の取材やインタビューを通して、利用者や家族が抱えている問題点について整理してある。ルポルタージュ的な意味合いも兼ね備え、現場の実態について探究した。なお、利用者である高齢者層としては一括りではなく、三段階となっており、全く健康な「元気高齢者」、多少心身に不安を抱える「虚弱高齢者」、介護サービスを必要とする「要介護(支援)者」として据えてある。

二つ目は第4章から第6章において、介護サービスの使い方、介護施設の種類、医療と介護サービスの関連性などについて、「How to」的な位置づけとして述べてある。なお、介護サービスとは、①介護保険制度に基づき自己負担が軽減されるサービス、②全額自己負担によるサービス、③ボランティアなどの地域の支え合いといったように、大きく三つに分類できる。その中でも、介護保険制度に基づくサービスを中心に触れていく。

そして、三つ目として、第7章から最終章にかけて、主に政策論的な視点から述べてあり、慢性化する介護人材不足、大幅改正となった二〇一五年介護保険法改正の実施概要、財政論を含めた介護政策といった、諸々の課題を踏まえながら介護政策・施策の方向性について問題提起してある。多少、介護分野に精通し、将来の介護政策・施策に興味・関心を抱いている読者の方は、最終章から目にしていただいても良いかもしれない。

現場からの政策提言

社会保障制度の問題が議論される際に、すでに述べたが財源論が取り上げられる。「お金がないから、高齢者分野の社会保障は我慢するしかない」「サービスを拡充するには、財源論を示すべきだ」といった声が高らかに叫ばれ、一部の有識者からは社会保障費の抑制はやむなしとする論調がある。

本書は、このような論に対して一定の答えを準備し、財源論を踏まえながら、今後の介護サービス体系を提言している。そして、「在宅介護」再構築への方向性を導き出し、利用者のニーズに適した「介護のあり方」への道筋(政策提言)を示すことが、本書の目指すところである。

第１章
在宅介護の実態

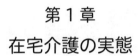

1．在宅介護の困難さ

独居の要介護高齢者

筆者は某市の大規模団地で、主に単身高齢者等を対象としている配食弁当屋を訪ねた（二〇一二年六月二九日）。一食六〇〇円で昼と夜に高齢者宅へ配達している。

この事業所は「ワーカーズコープ（協同労働）」と言われる形態で、出資・経営・労働を一体化した組織で、働く者らが自ら出資して事業を展開している。つまり、一部の志の高い人たちで事業所を立ち上げ、高齢者や障害者を在宅で支えるサービス形態といえる。このような団体は全国各地で芽生えはじめている。

そして、自力歩行ができず車椅子移動しかできない、八〇歳の水谷クニさん（仮名）を紹介された。団地の一部屋に、独りで暮らす要介護度3の高齢者であった。二日に一回は介護保険によるヘルパー支援が必要で、買い物や食事作りが不可欠である。たしかに、掃除や洗濯などは三〜四日に一回まとめて行えなくもないが、バランスのとれた食生活を維持するには、定期的にヘルパー支援が必要となる。今後さらに要介護度が重くなれば、ヘルパーの回数も増やしたいと、クニさんは話していた。

不自由ながらも身の回りのことは自分で行い、できる範囲で「自立」して暮らしていたが、高齢者が車椅子状態となると、どうしても外出することが難しくなり、買い物などに不自由をきたす。三〇代から四〇代の身体障害者は車椅子状態でも、自ら自家用車を運転して会社や買い物に出かける人も少なくないが、八〇歳を過ぎると心身の衰えからそれも難しくなる。

そこで、ヘルパーが訪問しない日は、一食この配食弁当屋からサービスを受けている。あとの食事は弁当を半分にする、もしくはパンなどの買い置きで済ませているようだった。八〇歳を過ぎると、一食の弁当でも多いという。それでも、弁当はすべて手作りでカロリー計算や栄養管理もなされており、バランスのとれたメニューとなっているので、クニさんは喜んでいた。

介護と夜間帯の仕事

筆者が勤務先の教職員送別会(二次会)のため、カラオケスナックに行ったときのこと(二〇一二年三月二二日)。体質的に飲酒はしないのだが、年に三回程度職場の付き合いでカラオケスナックに行くことがある。職場で決まって行くスナックは二時間四〇〇〇円の店で、四〇代～五〇代の女性スタッフが働いている。

そこで働く四七歳の高田亜紀さん(仮名)と、親の介護の話題になった。亜紀さんは一人娘で、要介護度1の杖歩行ながら身の回りのことは一部可能な、母親の時江さん(八二歳、仮名)と、二人暮らしであるという。二年前まで会社員をしていたが、親の介護が必要となり退職してスナックでアルバイトをすることになった。

親の年金や自分の預貯金などは多少あるものの、いくらかでも働いて収入を得ないと生活が厳しくなるため、知り合いのスナック経営者に頼んで働かせてもらっているという。時給一二〇〇円で夜八時〜深夜一二時まで、週四日四時間のペースで働いて毎月八万円程度の収入を得ている。

母親の時江さんは週二回デイサービスに通っているものの、週一回の通院には亜紀さんが必ず付き添わなければならない。慢性疾患があり県内の大学病院に通院しているため、一日がかりとなる。時江さんが他人を家に入れたがらないため、ヘルパーは頼んでいないようだった。日々、親の介護と食事の支度、買い物、掃除、洗濯といった家事全般を娘の亜紀さんが担っている。ただ、昼間の時間帯はのんびり家事をしながら二人で過ごし、夕食を済ませてから夜スナックに出勤する。そして、閉店まで働いて帰宅するそうだ。母親は自分で寝てしまうので、この仕事が介護のリズムに適しているようである。

しかし、このようなスナックの仕事は非正規職員となり、かつての正社員時代と比べると社会保険の面で不利な立場に陥る。介護のために女性が仕事を辞めざるをえなくなった場合、国民健康保険や国民年金に加入することになり、自らの年金などの社会保障サービスが不利となる。そして、いずれ彼女らが要介護状態となると、年金額が少なくなり、厳しい介護生活を迎えることになりかねない。

老夫婦が看る

名古屋市に住む清田孝雄さん・光子さん夫妻(夫七〇歳、妻六〇代後半、仮名)の家を訪ね(二〇一四年八月一九日)、夫の母親の介護について話を聞いた。清田さん夫妻の二人の子どもは一時間以上も離れた街で、それぞれ所帯を持って暮らしており、老夫婦が高齢者の介護をしていたケースである。

孝雄さんの母親は七年前の八七歳のときに要介護度2と認定され、徐々に状態が悪化。認知症も進み、三年前には要介護度4と認定された。夜中に徘徊することがままあり、夫妻は不眠状態となり、介護生活に限界を感じるようになっていったという。施設入所も考えたのだが、息子である夫が在宅で面倒を看たいと妻に頼み、デイサービスを週五回利用して何とか在宅介護を続けた。二五年間同居して重度の要介護状態となっても、本人が家にいたいという希望を、息子である夫は無視できなかったのである。

実際、排泄介助は息子である孝雄さんは行わず、嫁である光子さんが主に担ったそうである。息子だと、どうしても母親が嫌がり、息子自身も抵抗感があった。そのため孝雄さんは、妻の光子さんには感謝してもしきれないという。会社勤めが長く、家事など身の回りのことが苦手な孝雄さんは、妻の力なくして「在宅介護」はできなかったと話す。せめて皿洗いや掃除など部分的に家事は担うように心がけ、孝雄さんは介護生活によって家事を本格的に始めたということであった。

施設入所が担保

ただし、一年前から光子さんも高齢になり心身共に限界を感じ、真剣に施設入所を考えるようになったそうだ。最後には近隣の毎月約二五万円の有料老人ホームの入所を決めようかと家族で話し合っていた時、急に母親が風邪をこじらせ軽い肺炎となり入院。三週間後に入院先の病院で亡くなった(享年九四)。正直、亡くなっての安堵感は、否定できなかったという。

なお、夫妻は介護生活をしている七年間、家から少し離れたところに畑の土地を借りて、家庭菜園を設け自分で食べるぐらいの野菜を作ることが楽しみだったそうである。何か夫婦で共にできる活動を見つけられたので、かなり気がまぎれていたという。また、経済的には余裕があって、いつでも施設に入れられる状況だったので、何とか長期間、在宅生活を続けられたのかもしれない。このように老夫婦が高齢者を介護しているケースは多い。ただ、この夫妻のように在宅介護を続けるにも、いつでも限界になったら施設入所という担保があることは重要なポイントであろう。

最後に、清田さん夫妻の「親の介護が一段落すると、自分の介護を考えないといけない！」という言葉が印象的だった。このように親の介護を終えて間もなく、自分の老後を冷静に考える時間ができるのである。

2．二四時間型ヘルパーサービスの再構築

定期巡回・随時対応サービスとは

政府の介護施策の骨子は「在宅介護」施策を推し進めていくこととされており、目下、次々と新しいサービスが導入されている。たとえば、二〇一二年四月に始まった「定期巡回・随時対応サービス」というヘルパーサービスである。これは従来と違って、ヘルパーが一回訪問してケアするごとに費用を計算する「出来高払い」制ではなく、一か月を基本としたパッケージ化された値段体系となっている。

二〇〇〇年に介護保険制度が創設され、二四時間体制で訪問介護サービスが受けられる仕組みが導入されたものの、数年で大部分の訪問介護事業所（ヘルパー事業所）は、二四時間体制でのヘルパーサービスから撤退してしまった。夜間・深夜帯のサービス提供は、赤字で事業継続が難しいからであったが、その再構築が大きな目的とされている。

表 1-1　事業所が一体型のタイプにおける利用者が１か月に支払う値段　(円)

	介護と看護の両方を利用する場合	介護のみ利用する場合
要介護度 1	8,255	5,658
要介護度 2	12,897	10,100
要介護度 3	19,686	16,769
要介護度 4	24,268	21,212
要介護度 5	29,399	25,654

(出所)厚生労働省「平成 27 年介護報酬関連資料」より作成

表 1-2　事業所が連携型のタイプにおける利用者が１か月に支払う値段

(円)

	介護分	看護分
要介護度 1	5,658	2,935
要介護度 2	10,100	
要介護度 3	16,769	
要介護度 4	21,212	
要介護度 5	25,654	3,735

(出所)表 1-1 に同じ

各高齢者宅と事業所はテレビ電話などの電子機器でつながっており、二四時間体制でオペレータが対応している。独居高齢者が転倒した場合など、テレビ電話で支援の要請が簡単にできる。また、夜中、急に不安になりテレビ電話でオペレータと話すことで、落ち着いて眠りに就くことも可能である。

なお、このサービスは訪問看護サービスも併せて受けることができ、医療的ケアが必要な高齢者は、ヘルパーサービスと併せて看護サービスを一か月単位のパック料金制で利用することも可能である（表1–1及び

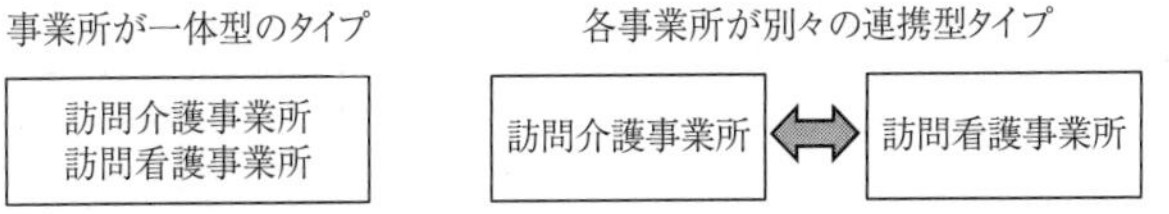

(出所)筆者によるオリジナル

図1-1　定期巡回・随時訪問介護看護の事業所タイプ

表1－2)。ただし、提供する事業所(ヘルパー事業所)と訪問看護事業所とが一体型であるか、連携型であるかで値段設定が異なる(図1－1)。また、介護度によって値段も異なり、おおよその介護度の状態像は、表1－3のとおりである。

原則、一か月に一定の金額を支払えば、何回来てもらっても同じ値段となる。しかも、ケアする時間も必要に応じて三〇分、通院介助であれば六〇分など、サービス計画に基づいて臨機応変に対応が可能である。

ヘルパーは来るが？

筆者は、札幌市でケアマネジャーとして働いている小西啓太さんに話を聞いた(二〇一二年七月六日)。小西さんが担当したケースで「定期巡回・随時対応サービス」を利用していたが、半年後、やはり在宅での独り暮らしは難しいと施設を選択した要介護度4の北田剛さん(仮名)を紹介してくれた。なお、北田さんの妻は完全な寝たきり状態で療養病床に長期間入院しており、夫も誰だか認識できない状況である。

小西さんにより北田さんが入所している有料老人ホームを案内していただき、直に話を聞くことができた。この施設は入居金二五〇〇万円、毎月総経費

表 1-3　要支援・要介護者のおおよその目安

要介護度レベル	心身の状況
非該当	元気高齢者で介護サービスが必要のないレベル.
要支援 1	重い荷物などが持てず，何らかの手助けが必要.
要支援 2	重い荷物などが持てず歩行なども不安定で手助けが必要.
要介護度 1	手助けがあっても長い時間歩行が難しく杖なども必要.
要介護度 2	杖などがないと歩行できず，長時間，立つことも難しい.
要介護度 3	車いすでの生活が基本となるレベル.
要介護度 4	ベッド上での生活が基本であり，寝返りや起き上がりは可能.
要介護度 5	寝たきりの状態が継続されている.

＊認知症などが勘案されるとレベルが変わってくる．身体上は全く問題なくとも徘徊など問題行動がかなり顕著となれば要介護度 4・5 と認定されることもある．
(出所)筆者のケアマネジャー経験に基づき作成

二〇万円程度がかかる。北田さんは本来、「できれば、在宅で暮らしたかった」という。たしかに、当初は、二四時間体制で随時対応型のヘルパーも、何か困れば三〇〜四〇分程度で駆け付けてくれ非常に安心であったという。

ただ、それでも、「独りの要介護者生活は不自由だった」という。いくらヘルパーがよくしてくれても、車椅子には座れるものの、ほぼ寝たきりで自分で身体を動かすことができない。以前、車椅子からずり落ちてしまってテレビ電話でヘルパーを呼んでも、三〇分間は我慢していなければならなかった。

施設だとナースコールを押せば、遅くとも五分以内に介護士が来てくれる。在宅での独

表 1-4　定期巡回・随時対応型訪問介護看護事業所数

（2015 年 4 月末現在）

	介護と看護の一体型	介護と看護の連携型
実施事業所数	264	427
実施保険者数／2014 年度計画保険者数	296/329	

（出所）厚生労働省ホームページ「定期巡回・随時対応サービス 2. 実施状況について」より作成

居生活では不安に感じることも多いが、施設だと個室であっても同じ建物に誰かいるという安心感が得られる。身体機能が低下していくと、独りでいる時間が、非常に辛くなったそうだ。

厳しい経営状況

一部を除いて多くの事業所では、再構築された二四時間型ヘルパーサービスは、経営状況が赤字体質で厳しいのが現実だ。特に、①事業所の採算、②新たなニーズの発掘、③人員確保等といったハードルが高く、多くの事業所がこの事業への参入には消極的である。全国的な統計を見ても、当初の計画では二〇一四年度三二九保険者（自治体）で、これらの実施が予定されていたが、二〇一五年四月末で二九六保険者（自治体）にとどまった（表1-4）。

筆者は、再度、札幌市を訪ね、実際、サービスを提供している某事業所の責任者である木村徳雄さん（仮名）に話を聞いた（二〇一三年三月一八日）。事業を開始して一年経つが、未だに黒字化されていないという話であった。サービスの周知はだいぶされてきたが、採算面で大きな課題があるということであった。基本的に登録人数が常時二〇名程度であれば、何とか黒字化できるが、施設へ入所する人もいるため安定しないという。

特に、高齢者の家族は、①未だに夜中、他人に家に入ってもらうのを嫌がる。②このサービスを使うと、包括払い(パック料金)であるため、他のヘルパー事業所を使うことが難しくなり、サービス利用が制限される。以上のような理由で、家族は利用には消極的だそうだ。ただし、利用している高齢者の満足度は概ね高く、いかに家族にサービスの良さを認識してもらえるかが課題だという。

なお、冬の時期は札幌市内では車が渋滞することもあり、本来ならテレビ電話で呼ばれて三〇分程度で駆け付けられるものの、六〇分程度かかったこともあったという。しかも、高齢者の希望する時間帯が、朝、昼、夜と食事の時間帯に重なる傾向にあり、派遣できるヘルパーが足りずに時間調整に苦労しているということであった。

成功している事例

全国的に数は少ないながらも経営面・利用者の満足度など、すべてにおいて成功している事業所もある。筆者は横浜市の「株式会社ゆい」という定期巡回・随時対応サービスの事業所を訪ねた(二〇一三年五月二二日)。

責任者の佐藤和世さんによれば、二〇〇〇年介護保険制度創設から二四時間対応型の訪問介護を持続させ、他の事業所が撤退している状況下でも継続してきた。また、小規模事業所であっても、地域に密着した介護事業所であるようにこころがけ、在宅介護の拠点的な機能を果たせるように努力してきたという。

登録者は、常時三〇名前後であり経営的にも黒字化されている。利用者の大部分は独居高齢者もしくは老夫婦世帯で、二世代もしくは三世代家族は少ない。在宅で最期まで暮らしていきたいという独居高齢者にとって満足度も高いということであった。

このような数少ない成功している事業所の場合、一〇年以上旧来の二四時間型の訪問介護(ヘルパー)サービスを提供してきたという実績もあり、成功するには地域との関係も密であることが重要であろう。

施設から住宅へ

3．サービス付高齢者住宅

国は、バリアフリー整備や生活を支えるスタッフが常駐している住宅を「高齢者住宅」と位置付けて、これらの物件を増やす方針を進めている。具体的には建設費の一〇分の一程度(一戸一〇〇万円上限)の補助金を設けており、二〇一一年一〇月から一〇年間で六〇万戸の創設を目指している。二〇一五年六月末時点で、約一八万一〇〇〇戸が建設された（一般社団法人すまいづくりまちづくりセンター連合会「サービス付き高齢者向け住宅」情報提供システムホームページより）。

筆者は北海道苫小牧市内にあるサービス付高齢者住宅を訪ねた（日胆勤医協在宅：みやまの里）。隣接する系列の急性期病棟と連携しながら高齢者向け住宅を運営している（二〇一四年八月二四日）。

責任者の三隅雅彦さんに話を聞いたのだが、基本的にサービス付高齢者住宅は、要介護状態となっても在宅介護サービスを利用しながら暮らすことができる。

特に、ここの住宅は、訪問看護サービス、訪問介護サービス、デイサービス、ショートステイといった、在宅系介護保険サービスが合わさった複合型サービスとタイアップされている。しかも、急に体調を崩せば、隣接する急性期病棟でも対応が可能となっている。

そのため、透析患者などの医療的ニーズの高い高齢者も暮らしている。このような医療サービスと連携している住宅であれば、重度の要介護者の方も最期まで暮らしていける。

施設との違い

サービス付高齢者住宅と、特別養護老人ホームや有料老人ホームとの違いは、あくまでも住宅なので部屋の中では飲酒なども自由で、友人や親族が泊りに来ることも可能である点である。しかも、外出も自由で基本的には賃貸住宅を借りているのと同じである。そして、施設のように消灯時間もなく個人の生活リズムで過ごすことができる。

たとえば、食堂で要介護状態のAさんが、一時間ヘルパー介助を介護保険制度に基づいて利用している場合、隣で食事しているBさんが食事の際に不自由をきたしていても、そのヘルパーは一切Bさんのケアはしない。あくまでも一時間はAさんのために働くヘルパーであるため、もし、必要ならBさんは自分で介護保険制度に基づいたヘルパーサービスを利用することになる。

施設では、人手が足りない際には、一人の介護士が二人の要介護高齢者を同時に介助することも少なくない。しかし、サービス付高齢者住宅では介護というケアは、個人が介護保険サービスで利用しているため、偶然、集合住宅で要介護高齢者が暮らしているに過ぎず、あくまで介護サービスは個人単位で行われている。ここは施設の介護サービスとはシステムがまったく異なる。

また、部屋の住み替えも、施設であれば状況によっては高齢者同士の同意があれば簡単に可能ではある。しかし、高齢者住宅はあくまでも住宅なので、部屋の住み替えの際には再度、敷金を支払い、契約をし直す必要がある。

入居費用　毎月の利用料は要介護度によっても異なるが、食事代を含めて総費用は月約一七万～二五万円が相場だという。これらは地域によっても異なり、当然、地価が高い場所であれば値段が高い。住宅なので敷金がかかるため入居の際には約三〇万～五〇万円がかかるが、礼金は不要のようだ。なお、既述の「みやまの里」は、毎月、一二万～一三万円程度で、ケースによっては生活保護受給者の方も入居できる。そのため現状は、「みやまの里」の待機者は数十名にのぼり入居するにはかなりの時間を要する。このような低価格のサービス付高齢者住宅は、地方という地価が安い場所に限られ都市部では考えられない。

多くの居住者は厚生年金受給者で、国民年金のみの受給高齢者は預貯金や息子らの支援で費用を賄っているという。夫婦で入居している人も少なくない。

いっぽう有料老人ホームでは最低でも入居金が二〇〇万～五〇〇〇万円かかるため、入居の際の経費はサービス付高齢者住宅のほうが割安となっている。もし、仮に住んで気に入らなければ、有料老人ホームに比べ住み替えしやすいともいえる。

いつまで生活できるか？　高齢者住宅で不安なのは、どの程度まで生活可能かということである。実際、サービス付高齢者住宅における介護の質は差が激しく、生活支援員のみが配置され、訪問介護や訪問看護サービスのマネジメントがなされていない物件もある。

一方、繰り返しになるが「みやまの里」のように訪問看護ステーションや訪問介護事業所、デイサービス事業所などが設置され、二四時間体制での介護サービスが利用できる高齢者住宅もある。だがこのような介護サービスが整備されているサービス付高齢者住宅は、全体の割合からすればむしろ稀といえよう。

筆者も、数十か所のサービス付高齢者住宅を見学に行ったが、介護サービスの質は千差万別で、重度の要介護者が住み続けるには充分な介護サービスのマネジメントがされていない物件が多い印象を受けている。

選ぶ能力が問われる

疾病症状が重くなったり、医療的ケアが必要となると、当然、介護サービスの利用度が増す。施設であれば、ナースコールを押せば五分以内に介護スタッフが部屋に来てくれる。しかし、「みやまの里」のような重厚な介護資源とタイアップされた数少ない物件を除いて、サービス付高齢者住宅の多くは必ずしもそうとは限らない。あくまでも滞在している生活支援員は介護スタッフではなく、簡単なお世話や相談対応をするのみである。

施設では介護の質に差はあるものの、一定程度、介護士が臨機応変に対応しているため重度の認知症や医療的ケアの対応は可能だが、サービス付高齢者住宅では対応できないケースも多いであろう。結局、高齢者住宅で最期まで生活できるか否かは、利用者側である高齢者や家族の物件を選択する能力次第ともいえる。

4．複合型サービス（看護小規模多機能型居宅介護）

小規模多機能型居宅介護

国は、認知症の高齢者が在宅で暮らしていくうえで「小規模多機能型居宅介護」事業という既存のサービスの一部を発展させて、二〇一二年四月から「複合型サービス（看護小規模多機能型居宅介護）」という事業形態を推進している。

そもそも、「小規模多機能型居宅介護」とは、介護保険における地域密着型サービスの一つで、認知症高齢者のために住み慣れた地域での生活を支援するサービスである。具体的なサービス内容としては、通い（通所介護のような機能）、訪問介護サービス（在宅へのヘルパー派遣）、泊り（短期入所介護のような機能）の三つのサービスを一事業所で提供する（図1-2）。

利用者は事業所に登録して、事業所のケアマネジャーと相談しながら、臨機応変に三つのサービスを利用する。逆に言えば事業所に登録していないと、サービスを利用することはできない。なお、料金設定は、要介護度別の差はあるものの、基本的にはパック料金制となっている。「通い」「泊り」「訪問介護」といったサービスは、利用者の状況に応じて対応していく。もし、当初の予定通り「通い」のために、職員が自宅に迎えに行った際、突然、高齢者の気分がのらず、施設へ行くことを急にためらっても、その職員が、しばらくヘルパーとして身の回りのことをすることもできる。また、「通い」においては、決まったメニューがあるのではなく、本人の状況に応じて施設側がケアしており、時間も決まっていない。つまり、既存のデイサービスやショートステイとは異なる。

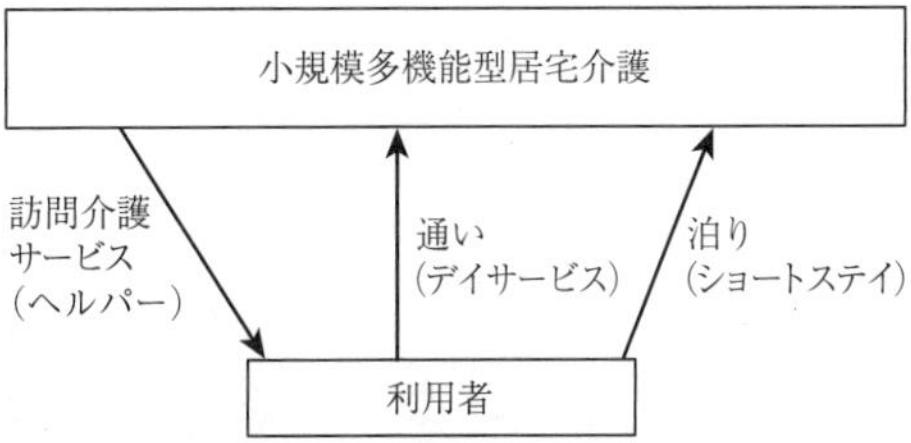

(出所)筆者によるオリジナル

図1-2　小規模多機能型居宅介護事業のイメージ図

　事業所によって料金に多少の差があるものの、食費は一食あたり三〇〇～六〇〇円となっている。たとえば、一日利用するとなれば、三食分の費用がかかるから、一〇〇〇～一二〇〇円ぐらいは見積もっておくべきだ。そして、宿泊も一泊三〇〇〇～四〇〇〇円の別料金がかかる。たとえば、要介護度1の高齢者が「小規模多機能型居宅介護」事業を利用すれば、ひと月に支払う自己負担額は一万三二〇〇円となり、必要があれば週何回でも「通い」

「訪問介護」サービスを利用できる。ただし、宿泊費は別途、料金が加算される。仮に、週三日「通い」サービスを利用し、かつ月四日宿泊したとすると、食費や宿泊費を合わせると、月に三万円以上の経費がかかる。

このサービスのデメリットとしては、基本料金はパック料金制度であるため、サービスを使っても、使わなくても、費用は徴収されてしまう(食費等は別である)。また、「小規模多機能型居宅介護」事業を利用すると、他の介護保険サービス(ヘルパーやデイサービス)は、利用できなくなる(ただし、訪問看護といった医療系サービスは利用できる)。

そのため、いくら「通い」「訪問介護」「泊り」といった三事業が「小規模多機能型居宅介護」事業にあるからといっても、他の介護保険サービスを利用できないことから、これらの施設を活用しない高齢者も多いのが実態となっている。

馴染みの関係がメリット

筆者は、静岡県の某小規模多機能型居宅介護を訪ねて、話を聞いた(二〇一四年八月一九日)。責任者によれば、小規模多機能型居宅介護事業のメリットは、一つの事業所で三つのサービスを提供できるため、同じ顔なじみのスタッフがケアを提供できることだという。たとえば、通常、デイサービス(通所介護)、ヘルパー(訪問介護)、ショートステイ(短期入所)といった各サービスを利用すれば、それぞれ担当する職員が異なる。特に、認知症の高齢者は、ケアする側が変わることで精神的に不安定になることも少なくない。

しかも、小規模多機能型居宅介護は、通常の施設とは違い、小規模な施設で利用者同士も交流が深まるメリットがあるという。

ただ、泊りのサービスを利用する高齢者の中には、特別養護老人ホームの待機のために長期間、利用する人もいるという。介護度や地域(都市か地方か)にもよるが、毎月、一三万〜一五万円前後の自己負担がかかるという。長期では三〜五か月程度泊りのサービスを利用しているケースもある。

看護サービスをプラス

この「小規模多機能型居宅介護」事業に看護師を配置したのが、「複合型サービス(看護小規模多機能型居宅介護)」という事業である。

筆者は大阪府茨木市の「笑みの家」という複合型サービス事業所を訪ねた(二〇一三年一〇月三一日)。責任者の遠藤準司さんによれば、医療ニーズ(経管栄養、吸引、インシュリン注射などの処置)を要する在宅で暮らす要介護者が増えており、複合型サービスの事業展開の意義は大きいと話す。運営団体のNPO法人「アクティブネットワーク」は、訪問看護ステーション、既述の「定期巡回・随時対応サービス(二四時間型訪問介護事業)」、「デイサービス（通所介護）」など複合的に事業を展開している。

特に、在宅介護の現場で痛感することは、医療ニーズを伴う要介護者が短期的に施設に預けられる受け皿が少ないことだという。

吸引や経管栄養の処置は、家族が随時待機して処置しなければならず休まる時間がない。かといってデイサービスやショートステイなど、通常の介護資源では看護職が充分に配置されていないため、医療ニーズを伴う高齢者の受入れは拒まれることが多い。家族の介護生活は息がぬけず心身ともに負担となり、結果的に在宅介護が難しくなるケースが増えている。

伸びない事業数

複合型サービスは一定の看護師が配置されているため、看護サービスが伴う「通い（デイサービス）」「泊り（ショートステイ）」「訪問（訪問看護サービス）」が可能となり、家族にとっては意義のあるサービスである。

しかし、事業所の視点で考えるならば、看護師不足の現状からマンパワーの確保に苦労しており、事業展開は難しいそうだ。しかも、一定の利用者を受け入れなければ経営的にも難しいため、採算ベースに合うまでの高齢者を獲得できるかも未知数だという。実際、二〇一四年六月末現在、全国で一五一事業所にとどまっており当初の実施計画よりも少ない結果となっている。なお、複合型サービスは、要支援1・2の人は利用できない。

5. 厚生労働省の政策ミス

会計検査院の指摘

ただし、厚生労働省(以下、厚労省)の在宅介護サービス施策は、一部で「政策ミス」と評されている。たとえば、二〇〇六年四月から開始された「小規模多機能型居宅介護」「認知症対応型小規模デイサービス」においては、会計検査院から約四三億円の公費の無駄遣いと指摘された(二〇一三年一〇月二二日「地域介護・福祉空間整備等施設整備交付金等により整備した地域密着型施設の利用状況について」)。

また、「夜間対応型訪問介護」といった、同じく二〇〇六年四月から始まった在宅介護サービスにおいても、約一六億円の公費が無駄に遣われたと指摘されている(二〇一〇年一〇月二二日「地域介護・福祉空間整備推進交付金及び地域介護・福祉空間整備交付金による夜間対応型訪問介護の実施状況について」会計検査院)。

つまり、厚労省は、在宅介護サービス拡充のため新事業を展開し公費を投入しているが、一部に費用対効果から考えて充分な成果を生み出しているとはいい難い状況がある。

厚労省は先進事例として、よく、ある地域の充実した介護システムを取り上げることがある。たしかに、それらは注目すべきであり参照されるべき事例であろう。けれども、全国的に普及するか否かは未知数である。とくに、多くの先駆事例には、カリスマ的リーダーが存在しており、属人的な施策に陥りやすい。ボランティア活動であれ、市町村施策であれ、このようなカリスマ的リーダーが中心となって、モデル的な介護施策が実施されていることが多いと考える。しかし、それでは、担当者が変わると、先駆的な活動や施策が続かない可能性が高い。

普遍的な仕組みに

実際に、介護施策に従事する人は全国規模となると多数であるため、①誰が行っても、②どこで行っても、③いつ行っても、という普遍的な理念に基づいた施策が練られるべきである。その点が厚労省の施策理念に欠けていると、筆者は考える。

第2章
家族介護の限界

1. 介護離職者一〇万人

五〇代女性が辞めていく!

独居高齢者や老夫婦世帯が増加傾向にあるとはいえ、家族介護者も多い。厚労省の資料によれば、必ずしも同居とは限らず働きながら何らかの形で介護に携わる、または同居して専業介護している家族は全国で約六八三万人にのぼり、そのうち男性が約四割程度となっている(表2-1)。なお、総務省「平成二四年就業構造基本調査」によれば、働きながら介護に携わる人は二三九万九〇〇〇人で、男性一〇二万七〇〇〇人、女性一三七万二〇〇〇人となっており、そのうち約六割が四〇~五〇歳代である。

表2-1　介護者における男女別人数(万人)

	女	男	計
15歳以上30歳未満	23.7	16.2	39.9
30〜39歳	33.3	15.4	48.7
40〜49歳	57.0	35.5	92.5
50〜59歳	127.9	70.9	198.8
60〜69歳	104.3	77.8	182.1
70歳以上	69.1	51.7	120.8
総数	415.4	267.5	682.9

(出所)厚労省雇用均等・児童家庭局「平成24年版働く女性の実情」より作成

ただし、同居による主介護者となると女性が七割、男性が三割という数値だ(厚労省「平成二二年国民生活基礎調査」)。いずれにしても嫁や娘だけではなく夫や息子も介護に携わるケースが増えてきている。

そこで、社会問題化しているのが「介護離職」だ。介護離職とは、家族を介護するために仕事を辞めることである。特に、親の介護にさしかかる四〇代後半から五〇代にかけての管理職や熟練を要する職務者にあてはまる。企業にとっても働き盛りの労働者が、仕事と介護の両立が難しくなり、介護を理由に仕事を辞めてしまえば大きな損失となる。年間、約一〇万人の労働者が家族の介護や看護を理由に仕事を辞めており(図2-1)、その大部分が女性となっている。しかも、年齢層では約四割が五〇歳代だ。

「介護離職」問題は、明らかに女性の社会参画において喫緊の課題である。第二次安倍政権(安倍晋三内閣総理大臣)以降、女性の社会参画のさらなる促進を目標に掲げ、企業など管理職に占める女性の割合を高めていく施策を打ち出していることから、政府としても「介護離職」問題は乗り越えなければならない壁である。

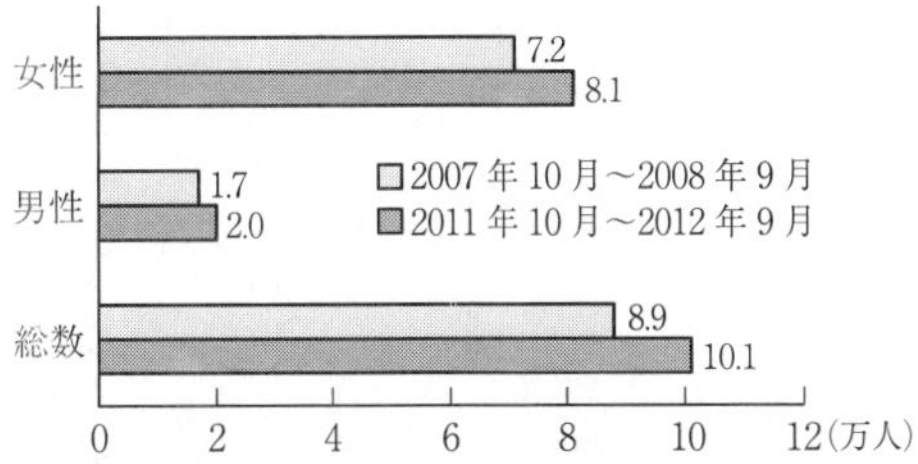

(出所)総務省「平成24年就業構造基本調査結果の概要」(2013年7月12日)より作成

図2-1　介護・看護により前職を離職した15歳以上人口

介護休暇は三か月

育児・介護休業法(「育児休業、介護休業等育児又は家族介護を行う労働者の福祉に関する法律」)に基づけば、要介護状態にある対象家族を介護する労働者は、九三日間は「介護休暇」を取得できることになっている。しかも、雇用保険の被保険者は一定の条件が満たされていれば、休業期間中は「介護休業給付」といった現金給付も支給される。

しかし、介護しながら働いている者が実際に「介護休暇」を取得した割合は、女性が二・九%、男性が三・五%しかない。理由としては、「職場の人に迷惑をかけられない」「制度自体を知らない」「収入が減ってしまう」などさまざまだ。しかも、事業所（勤務先）に介護休業の規定がない割合が三割以上となっており、小規模事業所ほどその割合が大きい（厚労省雇用均等・児童家庭局「平成二四年版働く女性の実情」）。企業側の介護休業に対する意識も根付いていないのが実態だ。

これら統計数値以外にも「介護休暇」の取得が進んでいない要因が考えられる。かつて筆者が在宅要介護高齢者の相談及びサービス調整の専門職であるケアマネジャーの仕事に従事していた時、仕事と介護の両立で悩む母娘の担当をしていたことを思い出す。

予期せぬ介護生活

当時、岸谷スミさん（七九歳、仮名）は、要介護度2であった。娘の幸子さん（四五歳、仮名）は会社員で、日中は何とかスミさんが独りで過ごしていた。要介護状態となった経緯は、スミさんが突然、脳梗塞になったことで、以来、幸子さんの仕事と介護の両立生活が始まった。
「私が働かないと生活できないので、いろいろお願いします」といった幸子さんの切実な訴えを、今でも鮮明に覚えている。そして、母娘と相談しながら週二回のデイサービスと週二回のヘルパーサービスを利用することになった。その生活は二年続いたが、再度、脳梗塞になって救急車で運ばれ、寝たきりに近い状態となってしまった。

入院先の総合病院は一か月以内に退院しなければならず、特別養護老人ホームなどの公的施設にはすぐには入れなかったため、在宅に戻り介護生活を再開することになった。

スミさんの状態も要介護度4となり、幸子さんは会社に「介護休暇」の申請を行い取得した。もっとも、介護休暇の取得前から有給休暇をとりながら、入院中の身の回りの世話をしていた。要介護高齢者が総合病院に入院すると着替えなどの洗濯は基本的に家族が行い、介護保険サービスの適用外となる。経済的に余裕のある労働者は家政婦などを頼むことも可能だが、幸子さんらの経済力では難しかった。姉弟などがいればいいのだが、ひとり娘であった幸子さんがすべてを担わなければならなかった。

九三日では足りない

在宅介護が始まっても、幸子さんの介護休暇は九三日しか認められない。後で詳しく述べるが、特別養護老人ホームなどに申し込んだものの入居までは一年半〜

二年はかかると施設から言われた。その他にも有料老人ホームなどの介護サービスも検討したが、スミさんの毎月の年金は約五万円で幸子さんの給与も手取り二五万円であることを考えると、入所を考えたとしても特別養護老人ホーム以外の選択は難しかった。しかも、スミさん自身も施設入所には消極的であった。

ただし、訪問介護(ヘルパーサービス)や通所介護(デイサービス)などを増やしても、サービスが入らない時間は、スミさんはベッド上では独りでいなければならない。

たとえば、のどが渇いてもヘルパーが来るまで待つ。「かゆい」「トイレに行きたい」などの細かい対応は、以前と違って「人」の手を借りなければスミさん自身ではできなくなっていた。「オムツ」も考えたが、自分で排泄することは、それなりのプライドをもって生きていくことになるので、可能な限り「オムツ」はしないようにした(ただし、尿もれはあるのでパッドはつけていた)。

仮に、幸子さんが仕事に復帰すれば、家族介護がなくなり、介護保険サービスのみでは日中独居状態となってスミさんには不自由な生活をさせてしまう。最終的に幸子さんは自分が仕事を辞めて介護に専念することを決めた。経済的には、預貯金を取り崩しながら、幸子さんがパートなどで細々と生計を営むことになった。結局、「介護休暇」は取得したものの施設へ入所できる段取りまではつなげられず、かといって在宅介護サービスを整えて仕事復帰する準備もできなかった。

このように幸子さんは「介護離職」を選択したのだが、正規職員でなくなったため厚生年金から国民年金となり、将来の幸子さんの年金受給額も減ることになって老後の課題も生じた。特に、幸子さん自身が支払う年金や医療といった社会保険料の負担が増えてしまったことを覚えている。

介護休暇の延長を

筆者は、この母娘のケースから考えるに、「介護休暇」も子育てシステムである「産休・育休」と同様に、一年間の休暇取得を可能にすべきであると考える。なぜなら、多くの人にとって「介護」は突然やってくるもので、普段から薄々は不安に感じていても、その場にならないと実感はできないものだからである。「介護休暇」の取得終了時に、ようやく客観的に問題分析が可能となり、何をしなければならないかを認識できるようになりがちだ。しかも、仕事と両立させる環境にまでしていくには、たとえば、施設入所などを考えると、現行の九三日間では圧倒的に短い。

今後、男女を問わず六五歳まで(高齢者になるまで)働き続ける社会を目指すのであれば、「介護離職」の問題を解決していかなければならず、どのような境遇になったとしても一年間の「介護休暇」が取得できるとなれば、情勢はかなり変わってくる。

ケアマネジャーなどの援助者側にとっても、一年の期間があれば仕事に復帰できるまでの環境を調整できるケースも多くなるであろう。また、親子の気持ちにも一定の区切りがついて、在宅介護に拘っていたとしても、施設入所に踏み切る余裕もできるかもしれない。

2. パラサイトシングル介護者

家族介護と親の年金

「介護離職」を決意してまで、親の介護に専念する家族介護者が増えている中、逆に親の介護を理由に仕事を辞めて親の年金を頼りにする家族も増え始めている。

このような家族介護者は全体に占める割合は小さいが、公式データはないものの増加傾向にあることは介護現場の専門職から聞くだけでも明らかだ。

筆者は、このような家族介護者を「パラサイトシングル介護者」と呼ぶ。このような家族介護者は、ひとり娘や息子に多く見られ、会社といった組織では人間関係の構築が難しく、親の年金で暮らしている傾向にある。しかも、親の介護に従事しているといっても、実際はあまり介護に携わらず、ひどいケースによっては「ネグレクト(介護放棄)」に近い状態の場合もある。

実際、筆者もこのような「パラサイトシングル介護者」のケースを担当したことがある。高石トミさん(八三歳、仮名)と息子の俊樹さん(五六歳、仮名)は、親子二人暮らし。夫(父親)は、一五年前に病気で亡くなり、トミさんは三年前から足腰が悪くなり要介護度1となった。毎週、デイサービスを二回利用していた。筆者がこの親子の担当になったのは、前任のケアマネジャーからの依頼によるものであった。トミさんは足腰が悪く杖歩行で家事や身の回りのことなどは難しい。そのため、デイサービスと併せてヘルパーサービスを利用することを勧めたが、息子の俊樹さんとケンカして、自治体職員でもある筆者がケアマネジャーとして担当することになった。

面倒な息子や娘

この親子のケースを引き継いだ際に、俊樹さんは「ゴミ出し、食事づくり、掃除、洗濯などは自分がやるので、デイサービスのみの利用で構わない」ということであった。筆者は、前任のケアマネジャーから「息子は自分で家事をやると言っているが、あまりやっていない。杖歩行ながらトミさんがこなしている面がある。一〇年以上、母親が家事をやっているので、要介護者になっても無理して家事をやっているようだ」と聞いていた。

たしかに、部屋の中はあまり掃除がなされておらず、住環境も良いとは言えない。俊樹さんによれば、「母親が要介護状態になったので、自分は仕事を辞めて母親の身の回りのことをしている」と言う。トミさんは、長年、公務員であったため、毎月、手取りで二〇万程度の年金収入がある。息子の俊樹さんは、対人関係は少し苦手な感じで、すぐに感情的な物言いをする。特に、母親のトミさんには強い口調で話す。

ある日、自宅を訪問した時、トミさんひとりであった。「息子は、どこかに遊びに行っています」ということであった。トミさんによれば、息子は転職を繰り返し五〇歳まで落ち着かなかったが、トミさんが要介護状態になると仕事を一切やめてしまった。何とか親子二人自分の年金で生計は営める。多少の問題はあるが、身の回りの一部を手伝ってくれるので、とりあえず今の生活でよいと。毎月、お小遣いとして四万～五万円ぐらいをあげているという。

再度、筆者がヘルパーサービスを勧めると、「息子が、ヘルパーを頼んだら費用も増えるし、定期的に人が家に来ると面倒だから反対する。私が我慢していればいい」と、トミさんは応じてくれなかった。

もし、トミさんが独り暮らしであれば、一定の年金受給額もあることから多くのサービスを利用できたであろう。しかし、他人から見れば親不孝な息子と評されても、息子を愛する母親の心境は複雑なのかもしれない。

このような親子は息子に限らず、母娘関係でも存在する。私が担当した別のケースでは、五

表2-2　虐待判断件数

(件)

	養介護施設従事者等	養護者による高齢者虐待
2013年度	221	15,731
2006年度	54	12,569

(出所)「厚労省認知症・虐待防止対策推進室資料」(2015年2月6日)より作成

○代後半の娘が八〇歳の母親を看ていたが、中途半端な介護で同じく親の年金を当てにして暮らしていた。

しかも、このような子どもらは、親の施設入所には必ず反対する。もし、施設に入所すれば年金が施設の入居費用になり、自分の生活が難しくなるからだ。在宅介護における家族関係の複雑さというものを改めて考えさせられる。

高齢者虐待の危険

「パラサイトシングル介護者」の最終結末は、虐待事件にいたってしまいかねない。ここ数年で介護する側からの要介護者への虐待判断件数が増え、家族介護者などの養護者による虐待が年間一万五〇〇〇件を超えている(表2-2)。

これらの中には献身的に介護していたが、二人が「孤立化」してしまい介護者が虐待してしまったケースも多い。しかも、同じ厚労省資料によれば虐待者の続柄としては「息子」が七一四三人で最も多く、次いで「夫」三三四九人、「娘」二八六五人であり、圧倒的に男性が多い。最終的には「介護殺人」と言われる、介護者が要介護者を殺してしまう惨劇となってしまう（表2−3）。

ただし、介護施設における専門職による虐待件数も増えており、時々、マスコミなどでも報道される。閉ざされた介護施設の中では、マンネリ化した職場体質が、介護士による虐待を同僚も注意しない雰囲気をつくってしまう。そして、家族による訴えで介護施設職員による虐待が発覚する。

表2-3　介護殺人の件数

（人）

2006年度	32
2007年度	27
2008年度	24
2009年度	32
2010年度	21
2011年度	21
2012年度	27

（出所）「厚労省認知症・虐待防止対策推進室資料」（2013年12月26日）より作成

いずれにしても在宅介護を進めていく際にも、家族介護の限界を見極める必要がある。家族介護による在宅介護生活は好ましいことではあるが、ケースによっては施設入所へ導いたほうが適切な場合もある。特に、シングル介護というように一人で介護を担っているケースでは、日々、周りの専門職らが見ていないと「孤立化」してしまい、虐待などの問題を引き起こしてしまう可能性が高い。

3．施設は利用しづらい

表 2-4　特別養護老人ホームの入所申込者の状況

（万人）

	要介護度1〜2	要介護度 3	要介護度4〜5	計
全体	17.8	12.6	21.9	52.4
うち在宅の方	10.7	6.6	8.7	26.0
うち在宅でない方	7.1	6.0	13.2	26.4

＊千人未満四捨五入のため，合計に一致しないものがある．
（出所）「厚労省老健局高齢者支援課資料」(2014 年 3 月 25 日) より作成

待機者問題

よくマスコミ報道を通して特別養護老人ホーム（特養）の待機者が、全国で五二万人と耳にするだろう（表2-4）。あえて在宅介護を選択している高齢者や家族がいる反面、特養に入所待ちをしながら在宅介護を余儀なくされている要介護高齢者や家族も多い。

特養は、数ある介護施設の中で介護保険制度が適用され比較的経済的負担も軽く、一度、入所すれば重篤な病を患わない限り一生施設で生活できるため、非常に人気の高い介護施設となっている。

筆者は、大学で福祉人材の養成に携わっているが、毎年、実習生指導のため千葉県、埼玉県、東京都といった地域を中心に十数か所の特養を訪問する。その際に学生指導と併せて職員に入所待機者の状況を聞くのだが、名簿上は二〇〇人から三〇〇人が待機者リストに載っているという。もっとも、順番が回ってきて施設での入所判定会議を経て入所が可能となったとしても、入所を見送る高齢者や家族も少なからずいるという。「今は、在宅で頑張れるので、次の人に譲る」「今、高齢者住宅で落ち着いているので、暫くして考える」「すでに有料老人ホームに入所したので、特養の入所はやめにする」といった理由で、入所が可能であっても断るのである。

厚労省の補助金事業である医療経済研究機構による「平成二二年度特別養護老人ホームにおける入所申込の実態に関する調査研究」によれば、「現在の生活は困難であり、すぐにでも入所が必要一一・三%、入所の必要はあるが最大一年程度現在の生活継続可能二八・二%」という結果が公表されている（「平成二三年度老人保健健康増進等事業　特別養護老人ホームにおける待機者の実態に関する調査研究事業」医療経済研究機構、二〇一二年三月より）。

先の約五二万人という統計と照らし合わせて考えると、すぐにでも特養の入所が必要な要介護高齢者は、約五万人程度と推計される。

また、同じく厚労省の補助金事業である株式会社野村総合研究所による「特別養護老人ホームにおける入所申込者に関する調査報告」によれば、入所申込者がいる場所としてもっとも多いのが自宅であり、その次に老人保健施設となっている（表2-5）。また、新規の入所申込者が実際の入所にいたる平均期間は一年三か月となっている（表2-6）。

特養の入所にあたっては要介護度や家庭環境などが考慮されるため、一概に申込み期間を評価することはできないが、少なくとも申し込んでから一年程度の期間は必要となる。

しかも、特養の待機者問題には地域格差がある。筆者は岐阜県で成年後見人の仕事をしている杉田守さん(仮名)に話を聞いた(二〇一二年一一月一八日)。成年後見人とは、認知症高齢者など自分の意思で契約行為ができない人に代わって、社会福祉士や弁護士、司法書士などが裁判所の選任に基づいて支援していく専門職である。

地域間格差

杉田さんによれば、岐阜県では特養に申し込めば、高齢者の状態像によって異なるが三〜六か月以内で入所できるという。特に、成年後見人が付いている要介護高齢者は身寄りがいないケースが大半で、親族がいないということもあって緊急性が加味され入所しやすい。要介護度4以上で地域を選ばなければ、三か月程度待機すれば入所できるという。概ね半年を目途に在宅介護サービスの調整を行い、時々、ショートステイといった短期間施設でケアできるサービスを

表2-5　特養新規入所者の直前の居所

(総数41,912人)

1位	自宅	40.1(%)
2位	老人保健施設	26.9
3位	病院・診療所	18.3
4位	グループホーム	3.9
5位	介護療養型医療施設	3.7

(出所)(株)野村総合研究所「特別養護老人ホームにおける入所申込者に関する調査報告」(2010年3月31日)より作成

表2-6　新規特養入所申込者が入所にいたる期間

(総数41,912人)

平均	1年3か月	
1位	6か月〜1年未満	21.3(%)
2位	3か月〜6か月未満	18.5
3位	3か月未満	17.0
4位	1年〜1年6か月未満	12.3
5位	2年〜3年未満	8.6

(出所)表2-5に同じ

使いながら、特養に入所できるまで在宅介護の調整をしているということであった。

しかし、東京二三区内などの大都市においては、二〜三年待っても入所できないことも珍しくなく、入所前に要介護高齢者が亡くなってしまうこともある。筆者が二三区内でケアマネジャーの仕事に従事していた際には、数十人もの高齢者や家族の付き添いで特養の申込みに同席したが入所にいたったケースは少なかった。要介護度5で身寄りもなく低所得者といった、緊急を要するケースであっても数年待つことは珍しくなかった。現在でも二三区内で働いている筆者の元同僚らは、大都市で特養に入所できるのは非常にラッキーであるという。しかも、施設入所の待機期間中、在宅介護サービスを組み合わせていくにしても、既述のショートステイといったサービスを利用するには二か月前から申し込まなければならない。このような状況であれば、たとえば、家族が急に体調を崩して短期間施設を利用したくとも不可能である。

4．グレーゾーンの介護サービス

特養施設の待機者が在宅介護を余儀なくされている現実は否定しようもないが、法的には問題ないものの人権的もしくは倫理的に疑念を抱く在宅系サービスが存在していることも直視しなければならない。特養の待機者の中には経済的に厳しいケースも多々あり、在宅介護においても限られた経済力でサービスを利用せざるをえない。このような要介護高齢者や家族を対象にした、グレーゾーンとも言える在宅系サービスがある。

お泊り付デイサービスとは

介護保険における「デイサービス（通所介護）」という、日帰り型の通所系サービスがある。高齢者の自宅まで送迎付で、日中、食事、入浴、体操、レクリエーションなどのサービスを施設で利用することで、介護者である家族は昼間だけでも介護疲れの解消ができる。しかも、高齢者本人も自宅に閉じこもらずに社会とのつながりができ、人的交流が豊かになる。通常、朝九時に自宅を出、一七時には帰宅する。そのため働いている家族などから、もう少し利用時間を延長してほしいとの声も多かった。そこで、二〇一二年の介護報酬改定で利用時間の延長が認められるようになったものの、採算性の面で折り合いがつかず、延長サービスをしている介護事業所は少ない。

そこで、このような介護保険の枠組みを活用しながら、施設側と利用者とで個人契約を締結し、そのまま施設に泊るサービスを提供しているサービス形態があり、介護業界では「お泊り付デイサービス」と言われている。宿泊部分は全額自費で施設のあるスペースを活用しながら、要介護高齢者を預かることができるのである。

普段通っているデイサービスの馴染みの職員が夜も面倒を看てくれるのであれば、高齢者も安心というわけだ。すでに述べた短期間の施設を利用するショートステイは、必ずしも日頃から接している介護士などがケアするわけではない。しかも、家族が急な仕事や葬式などで外出しなければならない場合でも、利用者が多く緊急に対応できる保障はない。しかし、「お泊り付デイサービス」であれば、今日申し込んで、翌日には利用できるといった状況である。

筆者は、ある地域で評判の良い「お泊り付デイサービス」に出かけ責任者の方に話を聞いた(二〇一一年九月八日)。このサービスのメリットは、認知症高齢者は、夜間に徘徊や失禁などの問題行動を起こしやすいので、慣れない施設を利用するよりも情緒的に落ち着くことだという。けれども、デイサービスでの「お泊り付デイサービス」は全額自費であるため、利用料を高く徴収できれば、夜勤介護士を増員できるものの、安く設定すると少ない人数での対応となる。また、スプリンクラーといった防火設備も費用がかさみ不充分となりがちである。話を聞いたこの施設は、一泊食費込みで四〇〇〇円の利用料で夜間は二人の介護士が対応しており、一定のサービスの質が保たれていた。利用する高齢者は、三~七日間連泊するケースが多いということであった。

ただし、大都市部を中心に一泊食費込みで一〇〇〇円といった格安の「お泊り付デイサービス」も存在し、その中には劣悪なものも一部ある。昼間は通常の介護保険サービスで自己負担一〇〇〇円、夜は一〇〇〇円程度の自費で施設が預かってくれるため、特養待機者の中で低所得者を中心に人気が高い。

劣悪なサービス

簡単に理解すれば二四時間計二〇〇〇円、三〇日連泊しても六万円という負担で要介護高齢者を預かってくれるため、施設機能の代替として利用できなくもない。ただし、二か月間も連泊利用すると強制力はないものの行政監視が厳しくなるため、一度、三日間は在宅でヘルパーサービスを利用し、一か月間は劣悪な「お泊り付デイサービス」を利用するといったように施設と在宅を交互に利用することで、行政の目を逃れることが可能となっている。

当然、一泊の自費部分の利用料が一〇〇〇円であれば充分な介護士の賃金を支払うことはできないため、基本的には夜勤職員は一人で介護に精通していない無資格者がケアに携わる。一泊三〜五人の要介護者が施設を利用しているケースが多く、畳の上で高齢者がゴロ寝状態という施設も少ないがある。

「日々の介護疲れ」「仕事と介護の両立」などに苦しむ低所得者の世帯にとっては、多少、安全面やサービスの質で疑問があっても、二四時間預かってもらえるだけで有難い。もっとも、独居の低所得高齢者も多く利用している。毎月、六万円程度の負担であれば国民年金のみしか受給していない高齢者でも支払えなくもない。

このような「お泊り付デイサービス」は、夜のケアが全額自費であるため行政指導の目が行き届かず、事業所のモラル次第でサービスの質が決まる。しかも、昼間の介護保険内サービスの利益を最大限に上げるために(定員を充足)、夜のケアをオプション扱いで低価格を売りにすることで集客するといった介護事業所も少なくない。

政府の対応

政府(厚労省)も、「お泊り付デイサービス」の一部に、劣悪なサービスが存在していることは把握しており、先の二〇一五年からの介護保険法改正の実施に伴い「届け出制」「サービス水準のガイドライン」「市町村の監視体制」などといった施策を打ち出している。もっとも、全く廃止となれば、在宅介護で困窮する家族や要介護者の受け皿がなくなるため厳しい規制には消極的である。

筆者は、このような不安定なサービスは規制を強化して、本来の特養施設のさらなる増床、ショートステイとデイサービスを併せた混合型サービスを増やしていくべきだと考える。仮に、火災などが生じた際には、消防設備が不充分であるため大惨事になりかねない。ニーズはあっても「お泊り付デイサービス」は規制を強化して、本来のショートステイやデイサービスの整備に努めるべきである。そして、低所得者に対しては、一定の助成金の支給を考慮すれば、在宅介護サービスもかなり充実するであろう。

寝たきり専門の住宅型有料老人ホーム

このような法律的には問題ないものの課題の多い介護ビジネスモデルは他にもあり、その一つに俗称「寝たきり専門の有料老人ホーム」と呼ばれるものがある。有料老人ホームには、「介護付有料老人ホーム」といってすべての介護ケアが施設全体で提供されるものと、「住宅型有料老人ホーム」と言われ施設としては生活関連のサービスの提供に特化した居住スペースとして機能し、近隣の施設系列の在宅介護事業所からヘルパーや訪問看護師が派遣されるものがある。この場合、介護ケアは系列事業所とはいえ外部の介護サービスとなる。

この「住宅型有料老人ホーム」のシステムに適合しながら、ここ数年、中部・東海地方を中心に寝たきり高齢者(医療的ニーズを伴う要介護者)を専門に受け入れる有料老人ホームのビジネスが増えつつある。

先日、筆者はある当該有料老人ホームに出かけた。対応してくれた施設職員には、詳細な相談は予約をしてきて下さいと言われたものの、施設のパンフレットだけ渡してくれた。それには「経管栄養」「人工呼吸器管理」「在宅酸素」「吸引の必要な方」を専門に受け入れ、「食事介助の必要な方は入居をお断りします」という内容が記載されていた。しかも、施設側としては、意思能力が不充分な認知症等の高齢者を積極的に受け入れているという内容であった。認知症高齢者だと、施設へのクレームもあまり起こさないと考えられる。

毎月の費用負担は計一三万円程度で、この金額ならば生活保護受給者も入所できるというのだ。重い要介護者のほうが軽度者よりもケアが大変だと思われがちだが、むしろ寝たきりで管による栄養補給が必要な要介護者ばかりを施設でケアしたほうが、介護士らが食事介助をする手間がなくなり介護労働の負荷は小さくて済む。

しかも、訪問看護やヘルパーといった外部の介護保険サービスも活用できるため、近隣に系列在宅介護事業所を開設して施設入所者をターゲットに多角的ビジネスが展開できる。

近隣の某特別養護老人ホームの看護師に話を聞く機会を得たのだが、最近、このような有料老人ホームから要介護高齢者を受け入れたという。本人は寝たきりとはいえ、「寝かせられたままで天井ばかりを見ている生活に耐えられず、家族に懇願してようやく特養に入所できた」というのである。

繰り返すが、このような介護ビジネスは法律上は問題ないかもしれないが、介護事業所としてのモラルから考えると大きな課題を残す。にもかかわらず、公的な介護施設等が不充分なため、モラル的に疑念があっても家族らは利用せざるをえない。介護現場の隙間に、介護ビジネスが展開されているといえる。

施設希望者が在宅介護生活を余儀なくされ、疑念を抱きつつも劣悪な介護サービスを利用している人が多い。特に、大都市圏では資源不足のため施設利用割合が全国の平均に比べ低いため(表2-7)、一層、このようなビジネスニーズが発生している。

5. グレービジネスの惨劇

表2-7 要介護度2~5における高齢者の施設・居住系サービス利用者の割合

平均	37(%)	
1位	東京都	27
2位	大阪府	31
3位	京都府・神奈川県	32

＊施設・居住系サービスとは特別養護老人ホーム，介護老人保健施設，認知症高齢者グループホーム，介護専用型特定施設，介護療養型医療施設を指す
(出所)厚労省老健局「都市部の高齢化対策の現状」都市部の高齢化対策に関する検討会(2013年5月20日)より作成

在宅介護の限界

二〇一三年九月二六日、厚労省は「都市部の高齢化対策に関する検討会報告書」をとりまとめた。大都市部において急増している高齢者の問題についての方策を打ち出すことがねらいで、これらの施策強化を骨子とした。

高度成長期に大都市部に人口が集中した

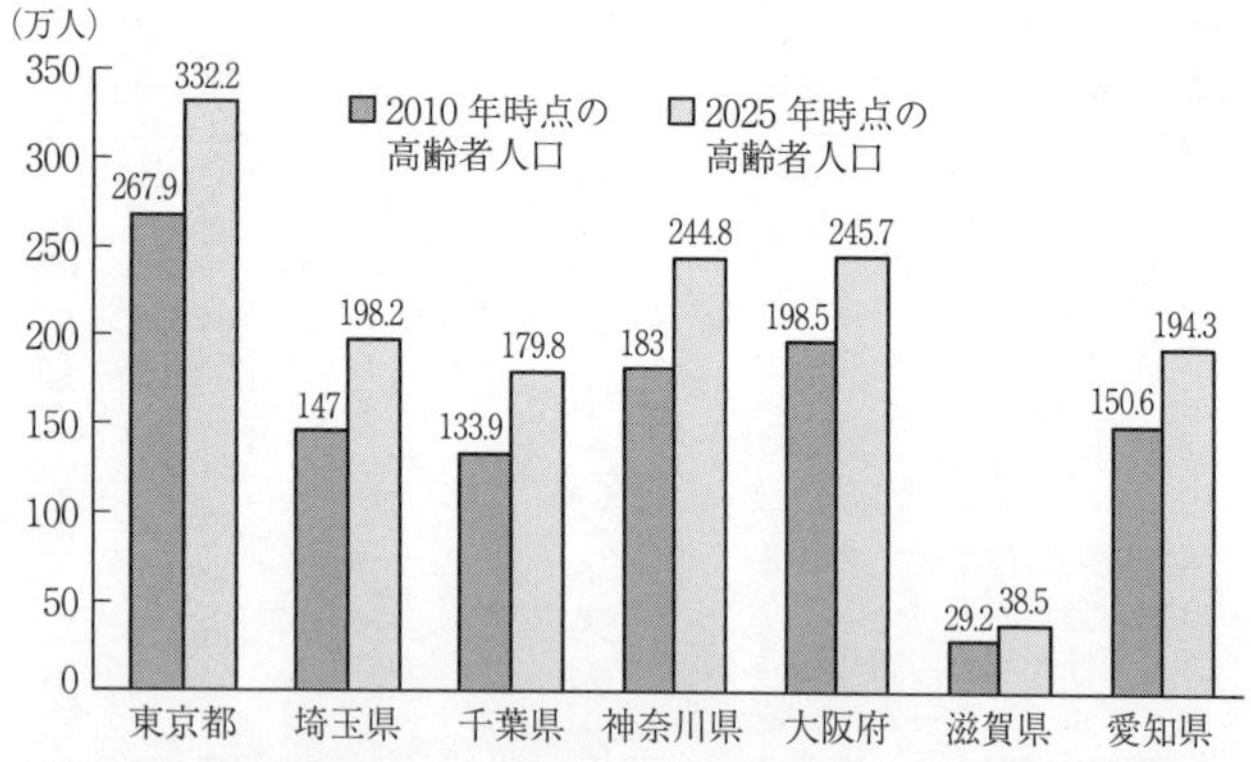

（出所）厚労省老健局「都市部の高齢化対策の現状」（2013年5月20日）から作成

図2-2　今後の高齢化（65歳以上）が進む都市部の人口推計

ことで、一挙に高齢化率が高まっていく（図2-2）。たとえば、今から二〇～三〇年前に「ニュータウン」が大都市部周辺に建設され、当時の四〇歳前後の住民が移り住む光景が見られたが、今後、このような地域は高齢化率が、一挙に高まる構図にある。

現在、すでに述べている通り、国は「地域包括ケアシステム」と銘打って、在宅医療・介護施策を推進している。無論、住み慣れた地域で最期まで生活できることは望ましいことであろう。しかし、実際の介護現場では施設志向の利用者及び家族は後を絶たない。特に、大都市部は独居高齢者及び老夫婦世帯が多く、家族の介護力には限界があり、在宅介護は難しいケースが多くみられる。

高齢者の地方移住

二〇一五年六月四日、「日本創成会議」(座長＝増田寛也元総務相)は、「東京圏高齢化危機回避戦略」を公表し、東京圏(一都三県：埼玉、千葉、神奈川)における高齢者数の急増に伴い、北海道室蘭市など地方四一地域へ高齢者の移住を促す政策提言を行った。

この報告書が、東京圏における介護施設などの資源不足を明確にし、大都市部において介護難民の問題が深刻であることを訴えたことは評価できる。しかし、一都三県の介護施設が供給不足となるからといって、一〇年後、多少、介護施設等に余力ができる地方への移住を促す提案に対しては、「東京圏の高齢者問題を地方へ押し付ける」「高齢者の自由を軽視している」といった批判が相次いだ。一都三県の介護問題は、やはり、その圏域内で介護施設を増設するなどして解決すべきであって、見知らぬ土地に移住する施策は現実的ではない。

静養ホームたまゆらの悲劇

実際、これら要介護高齢者問題の対策の一部として、要介護高齢者を低価格で受け入れている地方の「無届け有料老人ホーム」が機能している。

現在、できる限り都道府県も届け出を促したことで、無届け有料老人ホームは微増するにとどまっているが、問題が解決したわけではない。朝日新聞社の調査によれば北関東地方の有料老人ホームでは、届け出はしたものの法令基準に満たない施設が、茨城県二〇か所、群馬県五〇か所、埼玉県九九か所にのぼっている（「基準を満たさぬ施設なお」朝日新聞夕刊、二〇一三年一月一八日付）。

行政側も法令違反とはいえ無届けのままにしておくよりは届け出てもらうことを最優先とし、法令違反に関しては徐々に是正していく考えなのかもしれない。

そもそも、これら介護施設の実態が社会で明るみに出たのが、「静養ホームたまゆら」の火災事件であった。群馬県渋川市の高齢者施設「静養ホームたまゆら」の火災で、入所者一〇人が死亡した。この施設は、有料老人ホームとしての届け出がなされておらず、多くの死者を出したこの惨劇は、大都市部の要介護高齢者問題の深刻さを考えさせるものであった。

当事者に聞く

筆者は、当時施設の責任者であった北岡邦男さん（仮名）に、話を聞くことができた（二〇一三年六月五日）。同年一月一八日の前橋地裁による判決で業務上過失致死罪として、北岡さんは禁錮二年、執行猶予四年が言い渡されている。ただし、八八歳（取材当時）とは思えないほど筆者の質問に的確に答え、当時の関連資料を見ながら丁寧に対応してくれた。毎月の命日には、亡くなった方の慰霊塔に拝みに行き自らの誤ちを悔いているということであった。亡くなった施設入所者が作った小物を遺品として見せてくれたのだが、自らの犯した罪は許されるべきではないと語っていた。

結果的には死者を出したことで申し開きようがないが、墨田区から行き場のない高齢者をケアして欲しいとの強い要請があり、これも社会貢献と思い受け入れていたと、北岡さんは話す。特に、認知症で徘徊が目立つ要介護高齢者は、都内の特養では待機者が多く、どうにもならない。かといって生活保護受給者であるため、有料老人ホームといった介護施設は利用できない。このようなケースにおいて受入れの要請が強かったというのである。

あるケースでは、自らの尿や排泄物を部屋中にまきちらし、施設中が悪臭に悩まされたこともあったという。また、煙草を止められず何回も部屋では吸わないようにと注意を促しても隠れて吸ってしまう高齢者もいたという。このような問題ケースに対処できなかった責任は重いが、何処も受け入れてもらえなければ自分がケアするしかないと考えていたようである。

「静養ホームたまゆら」は食費込みで総費用が毎月約八万五〇〇〇円で、残りの生活保護費からの差額約三万円を、本人に小遣いとして渡していたという。そのため施設としては、それほど収入が得られないので、人員配置には限界があり専門職などをスタッフとして雇用できずにいた。

北岡さんに、どのような高齢者が入所していたのかを聞いたのだが、以下の三ケースを紹介してくれた。

難しいケースばかり

田中茂子さん(仮名)は、二〇〇二年頃都内に娘を頼って移住。暫くして夫が死亡して、認知症が進み同居の娘も精神的に不安定となり施設入所を希望して、二〇〇六年八一歳で「静養ホームたまゆら」に入所。強迫神経症の診断が下されており、かなりの潔癖症で少しの汚れでも気になりパニックとなる。当然、どこの特養や病院も受入れを拒否。情緒的に不安定で娘が共倒れになってしまうとの相談により、施設で受け入れることを決めたとのこと。

群馬県内に住む高崎美智子さん(仮名)は、二〇〇七年八三歳で要介護度3の状態で入所。長く保育園の園長をしており性格が几帳面である。娘が県内に居るが家族関係が良好でなく本人が施設入所を希望。施設では物静かで人生の楽しみが見出せない状態であった。非常に孤独感に満ちていた。

鈴木太郎さん(仮名)は、二〇〇七年都内の区役所の紹介によって七八歳で入所。徘徊が目立つアルツハイマー型の認知症で、時々、昼間、職員の目を盗んで施設から外出し、隣の家に上がり込み混乱を招く。知らない人が侵入してきたと警察沙汰となることもあったそうである。施設側も対処に苦慮し介護の限界を感じるも、区側は「引き取れないので何とかお願いします」ということで悩みながら受け入れていた。

行き場のない高齢者問題は、早急な政策を打ち出さなければ、ますます既述のグレーゾーンというべき介護サービスに依存してしまい、困窮する高齢者が増えるであろう。

第３章
認知症高齢者の急増

1. 認知症高齢者の徘徊

徘徊が社会問題に

すでに述べたように在宅介護における認知症介護の実態は家族の負担はもとより、独居高齢者においても問題が深刻化している。特に、在宅で暮らす認知症高齢者は、初期の段階では自分から受診することは少なく、徘徊や問題行動が生じてから周りが気づいて対応することになるため、認知症高齢者を社会全体が早期に把握できていない。

その典型として、認知症やその疑いのある行方不明者が全国で一万人を超えていることがある。警察庁や厚労省の資料によれば、これらの行方不明者は、二〇一二年九六〇七人、二〇一三年一万三二二人にのぼっている(表3-1)。ただし、これらの九八%は一週間以内に身元がわかり自宅に帰宅している。

全行方不明者のうち一割以上が認知症高齢者による徘徊が原因となっており、認知症等による行方不明者のうち二〇一二年三五九人、二〇一三年三八八人の死亡が確認されている。

表3-1 認知症やその疑いのある行方不明者

(人)

	2012年	2013年
行方不明者	9,607	10,322
所在不明者	107	151
死亡確認	359	388

(出所)警察庁「平成25年中における行方不明者の状況」(2014年6月),及び厚労省「第2回認知症高齢者等にやさしい地域づくりに係る関係省庁連絡会議」(2014年9月)から作成

なお、これら認知症による行方不明者問題が社会でクローズアップされたのは、二〇一四年四月からNHKが認知症に関する特集を定期的に放映していることが大きいと考えられる。インターネットサイトでも「認知症行方不明一万人」とのページが設けられ、過去放映された番組をダイジェスト版で閲覧できる。たとえば、二〇一四年四月一八日「おはよう日本」で放映された「なぜ？　身近な場所で多発する行方不明死」では、アルツハイマー型認知症の高齢者が徘徊して見つからず、七日後に遺体となって発見されたというニュースが報道された。テレビ映像は認知症行方不明者の惨事を、社会に大きく訴えかけるものとなった。

数年ぶりの再会

同年五月一一日放送のNHKスペシャル「行方不明者一万人――知られざる徘徊の実態」の中では、身元のわからない行方不明の女性高齢者が介護施設で保護され暮らしているシーンが放映された。そして、その番組を偶然見ていた夫が、その女性が自分の妻だと気づき七年ぶりの再会を遂げたというニュースが日本全国で話題となった（「行方不明七年、妻と会えた　認知症で徘徊、身元わからず」朝日新聞、二〇一四年五月一三日付）。

新聞記事によれば、都内で二〇〇七年一〇月二九日に行方不明となり、二日後、夫は警察署に捜索願を届け出たが見つからなかった。結果的には六〇キロあまり離れた群馬県館林市で保護された。行方がわからなくなって数時間後の同月三〇日午前〇時半ごろであったという。

しかも、保護した警察署員は、捜索データシステムに衣類に書いてあった名前を間違って登録してしまい、顔写真が掲載されていないためパソコンによるデータシステムでは捜索側が発見できない状況になってしまった。後に警察側が親族に謝罪している（「群馬県警が認知症女性の家族に謝罪　七年ぶり身元判明で」朝日新聞、二〇一四年六月三〇日付）。この事件から、徘徊といえば自宅近くと想定されやすいが、徘徊する認知症高齢者は住んでいる近隣から離れ、電車などを利用して遠方に行ってしまう危険性が浮き彫りとなった。

認知症の鉄道死裁判

また、認知症高齢者問題で世間に衝撃を与えた事件として、「認知症鉄道死における高裁判決」がある。二〇〇七年一二月、愛知県大府市に住む認知症の男性（当時九一歳）が徘徊し、列車にはねられて死亡した事件だ。ＪＲ東海は家族が監督義務を怠ったとして損害賠償（遅延損害）を請求し、一三年八月の名古屋地裁の第一審では、原告側のＪＲ東海の訴えを認め、同居している高齢の妻と別居している長男の二人に対して、約七二〇〇万円の支払いを命じる判決がなされた（読売新聞、二〇一三年八月二九日付）。

この二人は控訴したが、二〇一四年四月の第二審名古屋高裁の判決では、一部、ＪＲ東海側の問題もあるとして、賠償額半額の約三六〇〇万円を支払うよう妻だけに命じ、長男への請求は棄却された。配偶者は故意や過失がなくても損害賠償の責任を負う「無過失責任」というのが根拠である(毎日新聞、二〇一四年四月二五日付)。その後、妻は上告して裁判は継続された。

たしかに、認知症高齢者が徘徊し線路に立ち入り、列車の運行に影響を及ぼし鉄道会社に大きな損害を与えたのは事実である。鉄道会社は列車が遅延すると、振替輸送など他の交通機関会社に支払う費用が生じ大きな負担となる。ただし、これまでは認知症高齢者という事情から、その損害請求を自粛していた鉄道会社が多かったものの、この案件に関してはＪＲ東海が訴訟に踏み切り、裁判所もその正当性を認めたことが大きな意味を持つ判決となった。

戸惑う家族と現場

この事件によって介護を担っている家族や介護に携わる現場から、大きな不安の声があがった。名古屋高裁の判決は法律的には理解できなくもないが、認知症高齢者の介護を考えると「冷たすぎる」という声が高まった。すでに述べたように一万人にものぼる認知症高齢者の徘徊による行方不明者が存在することから、かなりの数の徘徊高齢者を介護している家族にとっては深刻な問題と受け止められた。「もしかして、徘徊して、最悪、損害賠償を支払うことになるのか？」「部屋の鍵をかけたり、外に出られないようにするといった、非人道的な介護をしなければ、徘徊は防げないのか」と、家族の不安を助長した。

同時に、介護施設などの介護従事者の不安も募らせた。筆者はこの判決がマスコミで報道された後、あるグループホームの介護士と話す機会があった。グループホームは、認知症高齢者を介護する施設で、できる限り家庭環境に近いスタイルで介護サービスを提供するもので、五〜一八名の小規模介護施設である。基本的には玄関の鍵をかけずに、自分の部屋の窓も自由に開け閉めできる状態となっている。話を聞いたグループホームでは、稀に入居者が外に出て行ってしまうこともあるが、近所の人が施設の高齢者だと気づいて連れてきてくれるという。

しかし、名古屋高裁の判決を聞いて、「もしかして、入居者が徘徊して線路に立ち入り死亡したら、介護施設も監督ミスで損害賠償を請求されるのだろうか？」と思い、今後、家庭環境に近い状態を見直していかなければならないのかと考えたという。介護士にとっても、認知症高齢者の徘徊問題は、精神的に負担となっており、この判決の影響は見過ごせない。

2．急増する認知症高齢者

認知症高齢者四六二万人以上

認知症の度合いを測る尺度として「日常生活自立度」というものがある。介護保険サービスを利用するには、認定調査を経る必要がある。その判定の際に医師が認知症の度合いを測る尺度だ。レベルは軽い「I」から重い「IV」までとなっている。なお、「M」は認知症の専門医の診断が必要というレベルで、必ずしも最

表3-2　認知症高齢者の日常生活自立度判定基準

Ⅰ	何らかの認知症を有するが，日常生活は家庭内及び社会的にほぼ自立している．
Ⅱ	日常生活に支障を来たすような症状・行動や意思疎通の困難さが多少見られても，誰かが注意していれば自立できる．
Ⅱa	家庭外で上記Ⅱの状態がみられる．
Ⅱb	家庭内でも上記Ⅱの状態がみられる．
Ⅲ	日常生活に支障を来たすような症状・行動や意思疎通の困難さが見られ，介護を必要とする．
Ⅲa	日中を中心として上記Ⅲの状態が見られる．
Ⅲb	夜間を中心として上記Ⅲの状態が見られる．
Ⅳ	日常生活に支障を来たすような症状・行動や意思疎通の困難さが頻繁に見られ，常に介護を必要とする．
M	著しい精神症状や周辺症状あるいは重篤な身体疾患が見られ，専門医療を必要とする．

(出所)厚労省老老発第0119001号「要介護認定における『認定調査票記入の手引き』，『主治医意見書記入の手引き』及び『特定疾病にかかる診断基準』について」の一部改正について(2006年1月19日)より作成

重度という意味ではない（表3－2）。

なお、「Ⅰ」はかなり「物忘れ」などが目立つものの、独りでの在宅生活はさほど問題ないが、何らかの支援が必要なケースが多い。ただ、厳密に「物忘れ」と「認知症」の境界が難しいのも実態だ。いっぽう「Ⅳ」あたりになると、常に目を離すことができない状態で徘徊が目立つようになる。

実際、認知症高齢者のうち日常生活自立度「Ⅰ」以上の者は、四六二万人以上に達している（厚労省研究班「都市部における認知症有

表3-3　認知症高齢者予想数（日常生活自立度Ⅱ以上）

2015年	345万人
2020年	410万人
2025年	470万人

（出所）厚労省老健局高齢者支援課認知症・虐待防止対策推進室「認知症高齢者数について」（2012年8月24日）より作成

病率と認知症の生活機能障害への対応」二〇一三年五月）。介護現場では認知症高齢者といえば、日常生活自立度「Ⅱ」以上を中心に積極的なサービスの提供を促す流れとなっている（表3-3）。六五歳以上人口を約三三〇〇万人と考えれば、少なくとも一〇人に一人が認知症という割合になり、決して他人ごとではない。

本書では認知症の詳細な医学的解説は避けるが、認知症の種類としては大きく「①アルツハイマー型認知症」「②脳血管性認知症」「③レビー小体型認知症」「④前頭側頭葉変性症」の四つに分類できる。これらのうち六割が「①アルツハイマー型認知症」、二割が「②脳血管性認知症」と言われている。

基本的に認知症を患うと現代医学では治すことは難しく、症状の進行を緩やかにしていくための薬物療法、もしくは回想法といった、過去の出来事を語ったり、懐かしい環境に設定して脳に刺激を与えていく支援がなされる。

なお、アルツハイマー型認知症に対する薬としては「アリセプト」が一九九九年以来、長年、投与されてきたが、新薬として二〇一一年「メマリー」「レミニール」といった薬も保険適用されている。また、症例は少ないものの「正常圧水頭症」「慢性硬膜下血腫」による認知症は、早期に発見されれば、手術などで治るケースもある。

金銭管理が難しい

宮崎県宮崎市の某地域包括支援センターを訪ねた(二〇一四年五月三一日)。地域包括支援センターとは、在宅介護の総合相談窓口機関で、認知症高齢者の相談対応や、それらを支援する機能を有している。相談業務に携わる社会福祉士の津田隆さん(仮名)によれば、在宅で認知症高齢者は多くいるものの、昨今、その存在自体が顕在化しにくいと語る。一昔前では、家族との同居率も高く、日常生活に不穏な動きがあると、家族が病院に連れていき認知症高齢者が顕在化していた。もっとも、独居高齢者が増え、ケースによっては、お互い認知症高齢者同士の夫婦のみ世帯が増え、なかなか受診につながらず、結果、認知症高齢者が潜在化してしまう。

たとえば、横井うめさん(九一歳、仮名)は、独り暮らしであったが、金銭感覚がなくなりトイレットペーパーを大量に買って家に保存していた。お金の遣い方が荒く一度にスーパーで一〇万円以上の買い物をするなど、周りの人が見てもおかしな振る舞いが目立っていた。スーパーの店員も心配になり、民生委員に相談して地域包括支援センターの津田さんに連絡が入り、家を訪ねると「ごみ屋敷」に近い状態であったという。

早急に市長申立てを行い、裁判所が選定した専門職が金銭管理を本人の代わりにする成年後見制度を活用することになった。財産管理を認知症高齢者の代わりに第三者が行うには、家族や役所が裁判所に申し出て後見人の必要性が認められなければならない。

その後、後見人が選定され生活が安定して、散らかっていた部屋が徐々に掃除されてみると、預金通帳は約二〇〇〇万円の残高があり、通帳記入してみると、隔月、約四〇万円の年金が振り込まれていた。本人はキャッシュカードで、不定期に数万円のお金をおろしていた。

認知症高齢者が加害者に

認知症高齢者が、被害者の立場ではなく、加害者となるケースもある。典型的なケースが、認知症高齢者が運転する自動車で事故を引き起こしてしまうことである。新聞記事によれば、認知症が疑われる高齢者が運転するケースの死亡事故が二〇一四年大阪府警の調査では、五ケースあったという。たとえば、高速道路を運転していた七〇代高齢者が、Uターンして乗用車と正面衝突したというのだ。二〇〇九年から七五歳以上高齢者の運転免許更新では、認知症の検査が必須となったが、二〇一三年約一四五万二〇〇〇人のうち更新取消しケースは一一八であったという(「認知症、危うい運転」朝日新聞大阪版、二〇一四年一〇月二九日付)。認知症と診断されれば免許証は取消しとなる。

いっぽう、認知症の疑いのある人が、スーパーなどで万引きをしたという事件も挙げられる。

大阪府内に住む六二歳男性は、結果的には若年性認知症と診断され「心神喪失」という理由で裁判は打ち切られたが、一定期間は公判が続いた。この男性は二〇〇七年四月にスーパーで商品を万引きして起訴された。本人は盗んだことを覚えておらず、弁護側は精神鑑定を行い認知症と判定された（「裁判打ち切り決定、被告が若年性認知症」読売新聞大阪版、二〇〇九年六月五日付）。

受診を嫌がる

繰り返すが、認知症の疑いのある高齢者に対して受診を促しても、断固として応じない場合は少なくない。家族であっても受診の促しは難しいケースもある。「自分は元気で、病院に行く必要はない。どこも悪くない、お節介だ！」といった反応だ。

ヘルパーサービスなど、週一回介護保険サービスを活用している場合、「モノ取られ妄想」ともいうべきトラブルが生じることもある。筆者が、ケアマネジャーだったとき、軽い認知症要介護者から、「ドライヤーが盗まれた！　きっとヘルパーが盗んだにちがいない！」と言いはる電話を受けたことを思い出す。筆者は慌ててヘルパーと高齢者宅に赴き、誤解を解くことに努め部屋中を探し、ようやく箪笥の中にしまってあるのを見つけた。普通に考えれば、箪笥の中にドライヤーをしまう筈はないが、認知症の方は思いもよらぬ行動をとる。疑いをかけられたヘルパーも、たとえ認知症高齢者と認識していても、感情的に穏やかではなく、お互いの信頼関係を再構築するのに、しばらく時間がかかった。

なお、六五歳未満の人が「若年性認知症」と診断される症例も少なくない。二〇〇六年に映画化された渡辺謙主演『明日の記憶』(監督堤幸彦、東映配給)は、現役サラリーマンが若年性アルツハイマー型認知症を患った後の人生を描く物語が話題となり、世間でも「若年性認知症」が徐々に周知されるようになっている。明確な患者数は不明だが、厚労省研究班の研究調査に基づけば、約三万八〇〇〇人と見込まれるという(厚労省老健局「若年性認知症の実態等に関する調査結果の概要及び厚生労働省の若年性認知症対策について」二〇〇九年三月一九日)。

早期発見と早期治療

認知症に関して家族や近所の人が心がけておくべきことは、認知症の疑いのある人に気づいたら早期受診を促して何らかのサービスにつなげていくことである。

たとえば、ある独居高齢者が、「ごみ出しの日を間違える」「近所の人とあいさつせず無愛想である」「入浴していないようで身なりが不衛生」などで、近所から嫌われているとしよう。普通の人は、「変な高齢者だ」「怪しい人だ」「あまり関わらないようにしよう」と思うに違いない。しかし、認知症の知識を身につけた地域の人がいたとしたら、「もしかして、あの高齢者は認知症では?」と、思い描くであろう。

そうなれば、たとえ独居高齢者であっても、専門機関に連絡して訪問などにつなげることができる。現在、厚労省は、先の地域包括支援センターを主体に「認知症初期集中支援チーム」

を構築し、何らかのシグナルの報告がなされると、社会福祉士や保健師などが、訪問して認知症の疑いのある人と接していくシステムを促進している。もちろん、同居家族などが、これらのチームに連絡して訪問してもらうことも可能だ。

訪問によって多様な支援がなされるが、たとえば、認知症の疑いのある高齢者にいくつかの質問をして、その疑いがあるか否かをアセスメントしていく。これらはあくまでも専門的な教育を受けた保健師などが行うことになっている(図3-1)。

3．家族形態と地域組織の変容

独居高齢者と老夫婦世帯

独居高齢者及び老夫婦世帯が急増している(図3-2及び図3-3)。六五歳以上の独居高齢者は、一九八〇年には高齢者人口に占める割合は男性四・三%、女性一一・二%であったものの、二〇一〇年には男性一一・一%、女性二〇・三%と増え続けている。内閣府『平成二七年版高齢社会白書(全体版)』によれば、六五歳以上の高齢者と子どもとの同居率は一九八〇年には約七割であったのに対し、二〇一三年には四〇・〇%と低下しており、夫婦のみ世帯がもっとも多く約三割を占めている。六五歳以上における配偶

No	質問内容
1	同じことを何度も何度も聞く
2	よく物をなくしたり，置場所を間違えたり，隠したりしている
3	日常的な物事に関心を示さない
4	特別な理由がないのに夜中起き出す
5	特別な根拠もないのに人に言いがかりをつける
6	昼間，寝てばかりいる
7	やたら歩き回る
8	同じ動作をいつまでも繰り返す
9	口汚くののしる
10	場違いあるいは季節に合わない不適切な服装をする
11	世話をされるのを拒否する
12	明らかな理由なしに物を貯め込む
13	引き出しやタンスの中身を全部だしてしまう

（出所）「平成26年度『認知症初期集中支援チーム』テキスト」地方独立行政法人東京都健康長寿医療センターより作成

図3-1　認知症行動障害尺度における質問項目

者関係では、二〇一〇年の有配偶者率は男性八〇・六％に対し、女性は四八・四％となっており、女性高齢者の約二人に一人が配偶者なしとなっている。

なお、未婚率は男性三・六％、女性三・九％、離別率が男性三・六％、女性四・六％となっており、高齢者自身及び夫婦間における家族機能の減退も見られる。未だ「在宅介護」は、一部を除いて家族の介護力に依存している実態は否めないものの、家族機能に格差が見られることから、「在宅介護」の普遍化には大き

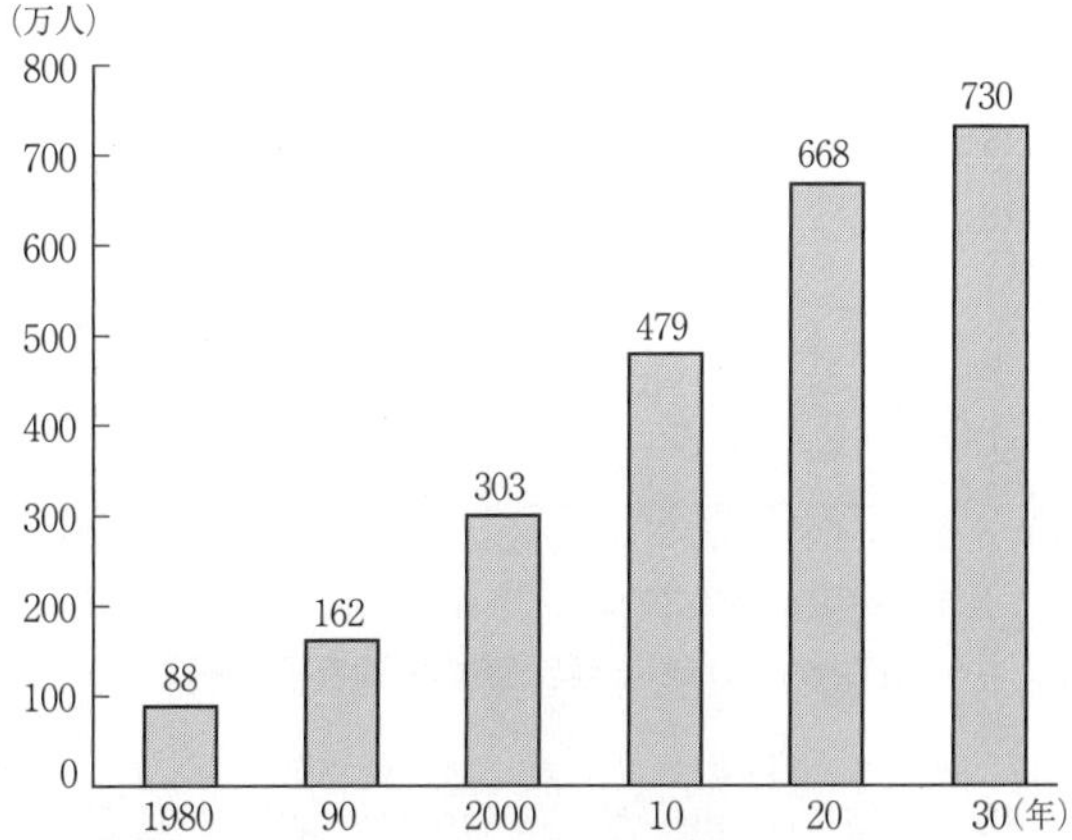

図 3-2 独居高齢者数の推移

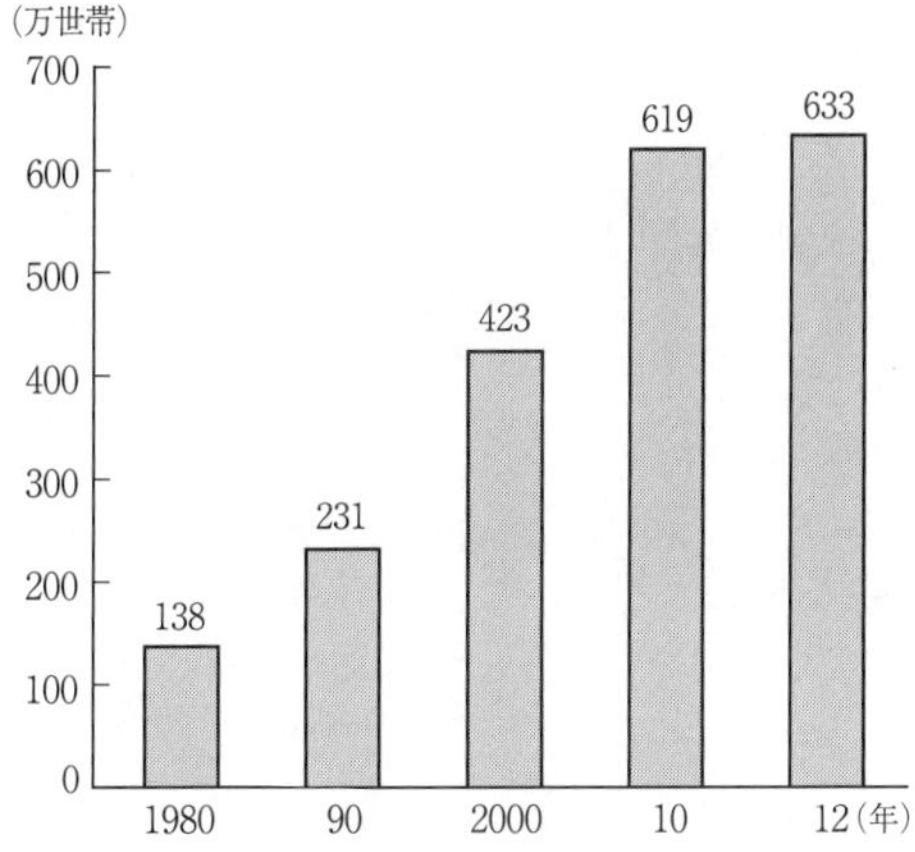

(出所)内閣府『平成 27 年版高齢社会白書』より作成

図 3-3 高齢者世帯のうち夫婦のみ世帯の数

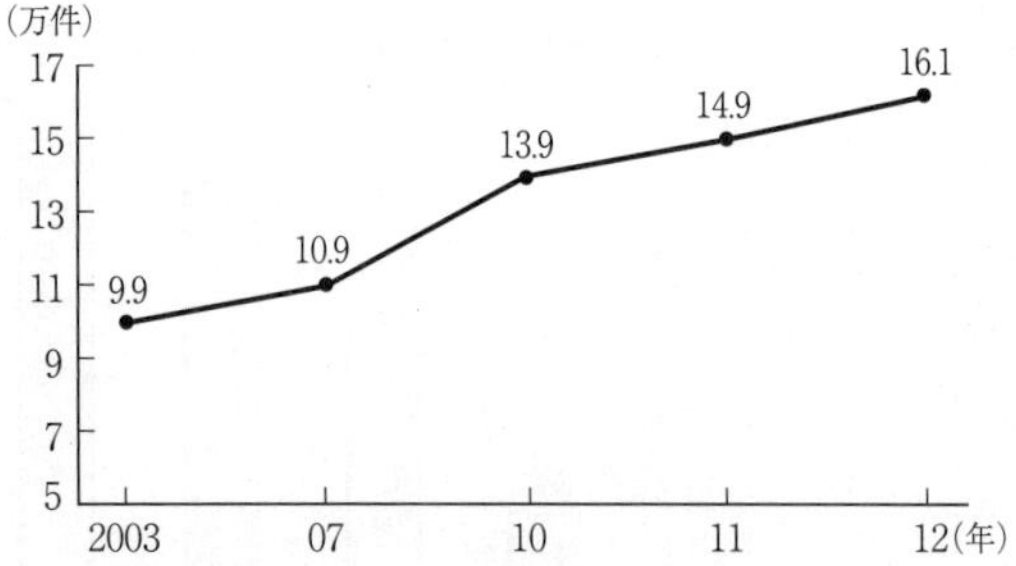

(出所)内閣府『平成27年版高齢社会白書』より作成

図3-4　70歳以上契約者の消費者相談件数

な課題が残る。

認知症が社会問題化する背景としては、家族形態の変容が大きく関連している。

消費者被害の視点から

特に、「オレオレ詐欺」「消費者被害」など、高齢者をターゲットにした悪質業者や犯罪者が増えていることは深刻だ(図3−4)。ただ、消費者相談は氷山の一角であり、認知症高齢者が被害に遭っても、そのことにすら気づかず相談経路にのらず被害が潜在化していると考えられる。

たとえば、筆者がケアマネジャーであったときに出会った、訪問販売で二〇万円程度の商品を購入した、「モノ忘れ」が目立っていた高齢者を思い出す。どう見てもホームセンターで購入すれば、一万円前後の商品を二〇万円で買ったという。購入相手は時々訪ねてくれるセールスマンで、自分の健康状態や介護問題など世間話をする関係となり信頼している販売員だったというのだ。八三歳の独居高齢者で、人間関係も希薄であった。

筆者が騙されているのでは、と問いかけても、自分が欲しいので購入した。そのセールスマンも、ノルマがあり苦労している。どうしても被害者でないと言うのである。このケースでは軽い認知症が疑われたが、明確に自分が承諾して購入し被害届も出さないため、事件にはいたらなかった。このケースで言えることは、独居高齢者の寂しさ、認知症による判断能力の鈍さを巧みに認識して、セールス業を営んでいる業者がいることであった。

成年後見制度　金銭管理や契約行為において判断することが難しい認知症患者や知的障害者に代わって、専門職がサポートする仕組みを「成年後見制度」という。この後見人の選定は家庭裁判所が行い「法定後見制度」と呼ばれ、主に後見人は親族から選定されることが多い。しかし、独居高齢者が増え、天涯孤独の人が多くなっている現状では、専門職として「社会福祉士」「弁護士」「司法書士」といった資格を有した人が選定されることもある。最近では、「行政書士」も後見人になることがある(表3-4)。

このような専門職が後見人となると、本人の所得や資産

表3-4　親族以外で成年後見人となった件数

(件，2014年1月～12月)

弁護士	6,961
司法書士	8,716
社会福祉士	3,380
行政書士	835
社会福祉協議会	697
市民後見人	213

(出所)最高裁判所事務総局家庭局「成年後見関係事件の概況――平成26年1月～12月」より作成

に応じて報酬が支払われることになるが、その額は家庭裁判所によって決められる。たとえば、ほとんど財産がない高齢者の場合になると、毎月、もっとも低い報酬で三〇〇〇円程度というケースも珍しくない。そのため、このようなケースでは後見人の引き受け手が少ないのが実態だ。

いっぽう、一定の財産がある高齢者の中には、親族がいるものの身内同士の人間関係が悪化し、「息子には、絶対に財産は管理させない。あいつは信頼できない」と言って、第三者である後見人に依頼するケースもある。ただし、このようなケースは、認知症になる前に予め本人自らが専門職に依頼しておくため、「任意後見制度」と呼ばれる。

二〇一四年一一月一二日、「社会福祉士」として後見人の仕事をしている人に話を聞いたのだが、最近は財産管理の仕事以外に、「本人が生死をさまよう状態になった時の延命治療を施すか否かの判断」「亡くなった際の葬儀の手配など(主に無縁仏の対応)」、親族代わりの役割も担っているそうだ。本来は、財産管理が主な仕事のはずだが、仕事の流れでこのような親族的な役割もやらざるをえないという。

専門職個人が後見人の選定を受けるのではなく、自治体が「後見人センター」を設け組織・団体で選定される場合もある。たとえば、筆者が訪ねた機関としては「品川成年後見センター

（品川区社会福祉協議会）」「東濃成年後見センター（ＮＰＯ法人、岐阜県）」などが挙げられる。後見人センターの設置者は自治体であるが、社会福祉協議会やＮＰＯ法人に事業が委託されている。それによって、低所得者でも後見人を引き受けてくれる専門職を確保できる。つまり、組織運営費を自治体が工面しているため、専門職にも一定の賃金が保障できるのである。しかも、センター内に複数いる専門職が後見人となり、組織として後見人を請け負うことでチームとして対応できるメリットがある。ただし、組織を運営するため自治体の補助金などが必要不可欠となり、このような後見人事業を重要視している自治体は、未だ全国的には少ない。

市民後見人

全国的に後見人の引き受け手が少ない現状から、政府はリタイアする団塊の世代の人たちに期待を寄せ、二〇一二年四月施行の老人福祉法の改正によって「市民後見人」という新しい仕組みを設けた。

これによって市町村は「市民後見人の育成」「市民後見人を担える人材の名簿づくり」などに努めることが法律で定められた。つまり、既述の専門職だけでなく、地域住民が「後見人」を担うことができるようになったのである。しかし、専門職ではないため、社会福祉協議会などが催す研修を経なければ、後見人として選定されない。大阪市では市民後見人連絡協議会が立ち上がり、市民後見人が互いに相談できる組織が形成された（「市民後見人が連携組織」読売新聞大阪版、二〇一四年九月五日付夕刊)。

「成年後見人」であろうと「市民後見人」であろうと、繰り返すが法定後見制度は家庭裁判所が最終判断することになる。ただし、あくまでも「市民後見人」を担う人は専門職ではないため、一定の法律、福祉、医療、倫理観といった知識・技能を担保させていくことが重要で、「市民後見人」制度が、今後、普及していくには多くの課題が残されている。

4. オレンジプランとは

認知症施策

二〇一二年九月、厚労省は「認知症施策推進五か年計画(通称：オレンジプラン)」という認知症施策を公表した。認知症になっても本人の意思が尊重され、できる限り住み慣れた地域で暮らし続けることができる社会の実現を目指すというのである。具体的には二〇一三年度から一八年度までの五年間の計画として、必要な医療や介護サービス等の数値目標を定めて整備を図ることとしている。

これらの認知症関連のサービス拡充の中で、筆者がもっとも重要と考えることは、認知症の専門医を増やすことである。早期発見・早期治療が認知症施策には重要と述べたが、そのキーマンとなるのが認知症の専門医である。

一般の診療所の医師が認知症に精通しているとは限らず、風邪などで患者が通院しても認知症と診断できないこともある。今後、地域で従事する医師らが認知症の診断や治療の専門性を身につけることで、認知症の高齢者を在宅で看る環境も整っていくと考えられる。厚労省の推奨する認知症サポート医養成研修の受講者数が増えることを期待したい。

地域で見守る期待と限界

認知症高齢者が住み慣れた地域で暮らしていくためには、地域住民の認知症高齢者への理解が重要である。

具体的なエピソードとして、かつて筆者が話を聞いた銀行では、窓口業務職員に認知症高齢者に関する研修を義務付け、窓口に来る高齢者が認知症ではないかと気にしながら業務に携われるようにしていた。年に五～六回ほど通帳をなくしたといって、再発行の手続きをする高齢者がいたそうだ。通帳は大切なものなので、年に数回再発行すること自体、不可解に感じていたので、専門機関に相談して、社会福祉士に相談にのってもらい、結果的には受診を促して認知症だと判明しサービス受給につながった。来店する顧客の不可解な行動を店員が察知できれば、認知症高齢者を早期に発見できる良い事例であった。

また、福岡県大牟田市では、行方不明高齢者を地域ぐるみで探索できる仕組みを根付かせようと、定期的に「徘徊SOSネットワーク模擬訓練」が実施されている(「徘徊高齢者捜す訓練大牟田全域で」朝日新聞福岡版、二〇一四年九月二二日付)。認知症で徘徊する高齢者役を設定し、模擬訓練に参加したサポート役地域住民が対応するというものである。認知症の疑いで徘徊しているかもしれない高齢者に、地域住民が気軽に声掛けできる習慣を身につけることが目的である。このような訓練が定期的に実施されることで、地域住民にとっても認知症高齢者に対する気配りが身近なものになっていく。

その他、全国的に「認知症カフェ」という地域ぐるみの集いが立ち上がり、厚労省も推奨している。認知症やその家族が気軽に集い、お茶を飲みながら交流を深めレクリエーションなどで楽しむ場を地域住民主体で築き上げていく試みである。市民ボランティアなどが中心となって運営されている。

このように認知症高齢者を地域で支える仕組みが芽生えはじめており、地域によっては活発に活動している。しかし、これらを支えている人々は志の高い市民ボランティアや専門職であり、事業運営の不安定さは否めず、併せて公的機関が役割を果たしていくことが重要であろう。

第４章
在宅介護サービスの使い方

1. 介護保険における負担

介護保険は社会保険制度の一つであり、適宜、保険料を納めていることが利用する条件となっている(生活保護受給者は除く)。介護保険料を支払うグループは二つに分かれており、①六五歳以上は「第一号被保険者」と呼ばれ、②四〇歳以上六五歳未満は「第二号被保険者」となっている。

上昇する介護保険料

そもそも介護保険の財源構成は、①公費(税金)、②保険料、③自己負担分で成り立っている。全体の財源構成のうち③自己負担分を除くと、五割が公費(税金)で、五割が保険料だ。たとえば、介護保険の総費用が一〇〇〇円と仮定して、一〇〇円は自己負担分で、残り四五〇円が公費(税金)、四五〇円が保険料となる。

第一号被保険者の保険料は、原則、年金から天引きとなっており、介護保険料部分が自動的に引き落とされている。ただし、介護保険料は個人の年金額等の収入に応じて異なっている。二〇一五年度から平均的な保険料は月五五一四円となっているが(表4-1)、もっとも低い層は半額以下となり、高い層は一・五倍以上となる。ただし、市町村(保険者)によっても保険料算定が異なり、介護施設などの介護資源の差によっても違いが生じる。

なお、二〇一五年度の介護保険料基準額で、もっとも高い自治体は奈良県天川村（月八六八六円）、福島県飯舘村（月八〇〇三円）、奈良県黒滝村・岡山県美咲町（月七八〇〇円）。もっとも低い自治体は、鹿児島県三島村（月二八〇〇円）、北海道音威《おとい》子府《ねっぷ》村《むら》（月三〇〇〇円）、北海道中札内村《なかさつないむら》（月三二〇〇円）となっている。これらから上位と下位では二倍以上もの保険料地域格差がある（厚労省「第六期計画期間・平成三七年度等における介護保険の第一号保険料及びサービス見込み量等について」二〇一五年四月二八日）。

第二号被保険者は、医療保険料と併せて保険料が徴収されるため、同じく自動的に徴収される。介護保険料が四〇歳以上を被保険者としている理由は、加齢に伴う「介護」は四〇歳以上と考えられ、それ以下の年代は該当しないとされているからである。また、親の介護も四〇歳以上からが想定され、介護保険料を支払うことで間

表 4-1　65 歳以上介護保険料の推移（全国平均）

2000 年度〜	2,911（円）
03 年度〜	3,293
06 年度〜	4,090
09 年度〜	4,160
12 年度〜	4,972
15 年度〜	5,514
2020 年度〜（推計）	6,771
2025 年度〜（推計）	8,165

（出所）厚労省「第 6 期計画期間及び平成 37 年度等における介護保険の第 1 号保険料について」（2015 年 4 月 28 日），厚労省「介護費用と保険料の推移」ホームページより作成

表 4-2　介護保険サービスの利用状況

	2000年4月末	2014年4月末
在宅サービス利用者	97(万人)	366(万人)
施設サービス利用者	52	89
地域密着型サービス利用者(2006 年度創設)	―	37
計	149	492

(出所)厚労省「平成 26 年度全国厚生労働関係部局長会議資料」(2015 年 2 月 23 日)より作成

表 4-3　高齢者人口の増加予想

	2015 年	2025 年	2055 年
65歳以上(対人口)	3,395 万人(26.8%)	3,657 万人(30.3%)	3,626 万人(39.4%)
75歳以上(対人口)	1,646 万人(13.0%)	2,179 万人(18.1%)	2,401 万人(26.1%)

(出所)表 4-2 に同じ

接的に保険給付の恩恵を受ける年齢が四〇歳以上と考えられていることもある。

介護保険料は三年ごとに見直されるが、二〇二五年六五歳以上の全国平均の介護保険料は約八二〇〇円にまで上昇するとされている。すでに約五〇〇万人の要介護者らが介護保険サービスを利用しており(表4-2)、今後も高齢者人口が増えるため介護保険料の上昇は避けられないといわれている(表4-3)。

介護にいくらかかる?

介護保険サービスの値段は「介護報酬」と呼ばれ、原則、国(厚労省)が決めることとなっている。介護事業所が勝手に決めることはできない。ただし、これら公定価格以下

表 4-4　主な介護保険サービスの値段

ヘルパー(1回)	身体介護約60分 生活援助約60分	3,880(円) 2,250
デイサービス(1日)	通常規模(要介護度3) 小規模(要介護度3)	8,980 10,060
特養(1日)	相部屋(要介護度3) 個室(ユニット型)	6,820 7,620

(出所)2015年介護報酬における厚労省資料より筆者が作成

の設定は可能であるが、そのような料金体系に設定する介護事業所はないであろう。

たとえば、在宅でヘルパーに一時間あたりケアしてもらう料金は、表4-4のとおりであるが、保険が九割利くため一割の自己負担ですむ(一定以上所得者は二割)。いっぽうデイサービスにおいても同様であるが、保険外である食事代やおやつ代、レクリエーションに伴う雑費は別途かかり、要介護度にもよるが一日一〇〇〇円以上の自己負担が生じる。

また、特養の費用に関しては、一日単位で介護報酬が決まっているが、食事代や部屋代、光熱費は自己負担となる。月ベースの自己負担総額は、相部屋では約四万～九万円、個室となると約一一万～一五万円程度が相場となっている。低所得者には「補足給付」といって助成金が支給される場合もあるので、自己負担額には幅がある。なお、「補足給付」の活用は、課税対象か否かで決定されるが、単身ではさらに預貯金一〇〇〇万円以上、夫婦で二〇〇〇万円以上のケースでは利用できないこととなっている。

「加算」という仕組み

なお、地域によって同じサービスでも価格が異なることがある。東京と地方とでは物価も異なり賃金水準にも差があるため、都市部のほうが若干、介護報酬は高く設定されている。つまり、自己負担額が数十円単位で都市部のほうが高くなる傾向だ。また、介護報酬には、各サービスに応じて追加項目の値段が「加算」されている。たとえば、同じ介護士でも介護福祉士（国家資格者）の割合が大きいと新たな料金設定がなされ、数十円単位の自己負担が課せられる。国家資格を有した介護士が働いている介護事業所は、専門性が高いことからサービスの質も良いと考えられ、高めの値段設定となるわけである。

また、昨今、介護士不足が深刻で介護士の賃金上乗せ分として「介護職員処遇改善」という名目の「加算」が介護報酬の項目に設けられており、その分も自己負担が加味され数十円の自己負担増となっている。これは、介護士不足が深刻なため、要介護者にも賃金上昇のためにいくらかの協力を得るという意味である。

介護報酬マイナス改定

この介護報酬は、そのまま事業所の収入に直結する。二〇一五年度の介護報酬改定は全体で二・二七％のマイナス改定となった。ここから介護士の処遇改善分（賃金アップ分）などを差し引くと、実質はマイナス四・四八％と大幅な引下げ幅となった。

なお、二〇〇三年度マイナス二・三％。〇六年度マイナス二・四％（一部前倒し改定含む）、〇九年度プラス三・〇％（さらに介護士賃金補助分として、公費負担によって二％相当分上乗せ）、一二年度プラス一・二％（ただし、介護士賃金補助分の公費負担二％相当分が削減）、一四年度プラス〇・六三％（消費税増税による調整分）といったように、これまで介護報酬改定は数回なされているが、〇九年度のプラス改定以外は、実質マイナス改定が続いている。伸びつづける介護保険給付費によって、介護報酬（介護の値段）は下がり続けている。

なお、介護報酬がマイナス改定になることで、要介護者が利用する介護保険サービスの値段が下がることとなり、一割自己負担である利用料も値下げとなる。たとえば、一回ヘルパーにケアしてもらう「生活援助」の場合、自己負担は介護報酬の一割であるため、二〇一五年三月三一日まで二三六円であったが、四月一日から二二五円と一一円安くなった。

また、当初、六五歳以上が毎月支払う介護保険料が標準で五〇〇〇円から五八〇〇円に上がるところが、マイナス改定によって五五〇〇円と引上げ幅が緩やかになった。

障害者福祉との関係

なお、「在宅介護」といった場合には、六五歳以下の障害者を対象にした介護サービスも含まれる。これらの介護サービスは「障害者総合支援法」による障害者福祉制度で提供されるため、介護保険サービスを利用しない者が多い。ただし、「特定疾病」に該当した場合には介護保険サービスを利用するケースもある。

障害者福祉における在宅介護の現場では、四〇～六〇歳代の障害者が在宅で介護サービスを受けているケースも少なくない。しかも、その介護者である親が七〇～八〇歳代で軽度な要介護者となり「二世代にわたって要介護者」となっているケースもある。

幼少期から障害のため親が子どもの介護を続け、年老いて自分が介護を受けることになって、その後の人生設計などが深刻化している事例もある。特に、親が特養に入所することになれば、その子である障害者も施設入所を考えていく傾向だ。今後、このような障害者福祉における在宅介護の問題は、介護保険サービスを利用している要介護高齢者の問題と密接に結びつくケースが増えていくだろう。

障害者福祉制度とは

現在、制度面において、被保険者の範囲を四〇歳以上から三〇歳以上に拡充して、より多くの層から保険料を徴収する案も、介護保険の財政難を解決する一つの策として議論されている。しかし、三〇歳以上に被保険者を拡充するとなれば、若い世代に保険給付としてサービス提供の機会を設けなければならない。その方策の一つとして現行の「障害者総合支援法」で賄われている介護サービスの一部を、介護保険に移行していくという案がある。三〇歳以上でも交通事故などで障害を伴い「介護が必要となる」ことが想定されるため、若い時期から介護保険料を支払ってもらうというのである。

その場合、介護保険制度の「介護」という概念を加齢に伴うという考え方から、一般的な「介護」というものに変更する必要がある。けれども、介護保険制度に、一部の障害者福祉の「介護」部分を組み入れることは、既存の障害者福祉サービスの質の低下を招きかねず反対意見も多い。たとえば、介護保険サービスのヘルパーの介護には、余暇的な活動は認められていない。他方で障害者福祉に基づくサービスは年齢層も若いため、一部、余暇的活動にもヘルパーの介護が認められている。財源論を優先しての両者の一部統合への議論は、慎重に考えるべきであろう。

2．在宅介護サービスを受けるには

要介護認定の仕組み

基本的に介護保険サービスを利用できる対象者は、六五歳以上の要介護高齢者もしくは要支援者といった認定を受けた人。もしくは、四〇歳以上六五歳未満で一七特定疾病のうちどれかにあてはまり(表4－5)、同様に認定を受けた人だ。

表 4-5　特定疾病一覧

1. がん末期(医師が一般に認められている医学的知見に基づき回復の見込みがない状態に至ったと判断したものに限る.)　2. 関節リウマチ　3. 筋萎縮性側索硬化症　4. 後縦靱帯骨化症　5. 骨折を伴う骨粗鬆症　6. 初老期における認知症　7. 進行性核上性麻痺　8. 大脳皮質基底核変性症及びパーキンソン病関連疾患　9. 脊髄小脳変性症　10. 脊柱管狭窄症　11. 早老症　12. 多系統萎縮症　13. 糖尿病性神経障害，糖尿病性腎症及び糖尿病性網膜症　14. 脳血管疾患　15. 閉塞性動脈硬化症　16. 慢性閉塞性肺疾患　17. 両側の膝関節又は股関節に著しい変形を伴う変形性関節症

(出所) 介護保険法施行令第 2 条より作成

要介護認定申請を行う際には、市役所の介護保険課もしくは近所の「地域包括支援センター」という相談機関で、要介護認定の手続きを行うことになる。もちろん本人の体調が悪ければ家族やケアマネジャーが代わりに手続きを行うこともできる。用紙二枚に必要事項を書くのだが、たとえば、訪問調査員が自宅を訪れるために連絡事項を書くことになる。四〇歳以上六五歳未満の場合には、先の特定疾病も明記することになる。なお、脳梗塞などで病院に搬送され入院期間中に家族やケアマネジャーが手続きをして、ベッドサイドで認定調査を行うケースも珍しくない。

認定申請の手続きが終わると、約一週間前後で

調査の内容

役所から訪問調査員が自宅を訪ね心身の状態を見分けるための七六項目による調査を行う。たとえば、「自分の名前は?」「生年月日は?」などと口頭で受け応えする。もしくは、実際に「片足で立てますか?」「立ち上がりはで

きますか？」などといった動作確認もしてもらう。

調査時間は六〇分前後で終わるが、認知症の疑いがあったり独居高齢者で普段の生活が調査に反映されにくいケースには、家族やケアマネジャー、ヘルパーなどといった日頃から関わっている人にも参加してもらうことがある。これらの関係者の話は、「特記事項」という箇所に詳細が記載されるため、最終的な審査結果にも大きく影響する。

この認定調査のプロセスでは、普段の「かかりつけ医」による「医師意見書」が重要となる。ただし、高齢者が改めて認定手続きをした場合には、受診する必要はなく、手続きの際に「かかりつけ医」を記載する箇所があり、市役所が事務的に「かかりつけ医」に意見書を求めることとなる。一方で、全く受診していない高齢者が要介護認定の手続きをするとなると、新たに受診して「かかりつけ医」を決めないと要介護認定調査のプロセスは進まない。

最後に、「認定調査員の調査票」「医師意見書」を基に、市役所内で行われる要介護認定審査会において合議体によって認定結果が下される。おおよそ認定手続きから結果が出るまでに三〇日前後となっている。

妥当性・客観性を欠く認定結果

しかし、認定結果が出るのを待たず、早急に介護保険サービスを使う場合には、「暫定ケアプラン」としてケアマネジャーがおおよその認定結果を予測してプランを作成することになる。

表4-6　全国の認定率の状況

	全国平均認定率 （第1号被保険者の各認定者数／第1号被保険者数）
要支援1	2.4%
要支援2	2.4%
要介護度1	3.3%
要介護度2	3.1%
要介護度3	2.3%
要介護度4	2.2%
要介護度5	1.9%
全体	17.6%

（出所）厚労省「認定関係のデータ」第45回社会保障審議会介護保険部会資料（2013年6月6日）より作成

もっとも、万一、予測よりも認定結果が低くなる、または「非該当」といって元気高齢者と認定されると、それまでのサービスは一部保険が利かず全額自己負担となるケースも稀にある。

実際、要介護認定は専門家が調査・審査しているものの、妥当性・客観性に疑問は否めないと筆者は考える。第一号被保険者である六五歳以上のうち認定率を介護度別にみると二〜三％程度であり、高齢者全体に占める要介護認定率は一八％弱となっている（表4-6）。少なくとも高齢者六人に一人は要介護（支援）認定者となっている。

ただ、ある地域では要介護度1と判定されるが、同じ状態で別地域では要支援2といった判断がなされることも珍しくない。特に、軽度者になるほど要介護認定システムの信憑性には問題が生じている。実際、市町村をまたいで業務に従事しているケアマネジャーに聞くと、各市町村の裁量によって厳しく判定されたり、甘く認定されたりするなどの地域格差が顕著であることがわかる。

厚労省社会保障審議会介護保険部会資料（二〇一三年六月六日）によれば、要支援1の認定率では最も高いのが長崎県の四・〇％強であるが、最も低い山梨県では一・〇％強にとどまり四倍近い地域格差が生じている。また、要介護度1から5までの認定率では、都道府県の間に倍以上の格差が生じている。

要介護認定制度の簡素化

そもそも、人の心身の状態を七段階に区分すること自体無理がある（非該当を含めると八段階）。当然ながら人間は機械ではないため、心身の状態を細分化して要介護度を決めることは難しいであろう。

しかし、一定の要介護度レベルを定め、保険が利く介護サービス量の目安に歯止めをかけなければ、無駄なサービスが使われてしまうこともある。実際、区分変更といって体調が急変した際に介護度を再度審査するための制度があるが、これらの申請の中には、もっとサービスを単純に使いたいと願い申請する者もいる（表4-7）。

介護度に応じて使える介護保険サービスの総額を決めておかないと、不必要なサービスが使われてしまい無駄使いが生じてしまう。その点を勘案すると、将来、ケアマネジャーの質の向

表 4-7　介護度別支給限度額

要介護度	支給限度額（円）	支給限度額に占める平均利用率(%)	利用者で支給限度額を超えている割合(%)
要支援 1	50,030	46.1	0.7
2	104,730	40.3	0.3
要介護度 1	166,920	45.7	2.1
2	196,160	53.7	4.2
3	269,310	58.6	4.5
4	308,060	62.3	5.3
5	360,650	65.1	5.9

(出所)厚労省「区分支給限度基準額について」社会保障審議会介護給付費分科会資料(2014 年 6 月 25 日)より作成

上を条件に要介護度レベルを三段階に簡素化して、調査形態もシンプルにしていくことが現実的であろう。

なお、全体的な統計を見る限り支給限度額があっても四〜六割程度の枠内でしか保険サービスは利用されておらず、超過している割合は要介護度5といった重度の方ですら約六％に過ぎない。ただし、支給限度額を超えている重度の方は医療ニーズも高くなりがちで、多くの介護サービスを必要としている。

筆者は某市役所の介護保険課の認定担当者に話を聞いたのだが(二〇一三年五月二〇日)、一人の要介護認定結果が出るまでに、調査員の謝金、医師への謝金、審査会運営(審査員の謝礼)など、約二万円の費用がかかるという。

認定結果に不満のある人が苦情を申し出て、不服申立てをするケースもないわけではない。ただ、認定結果に不満のある多くは、前述したとおり、区分変更申請といって、状態が悪化したので、再度調査を申請するケースが多いという(表4-8)。

3. ケアマネジャーを決める

ケアマネジャー次第!

在宅介護では認定の前後で、ケアマネジャーを決めることになる。ケアマネジャーの選択は、サービスの調整、サービス機関の選択などにおいて、非常に重要となる。介護現場に精通したケアマネジャーであれば、急に施設に預かってもらわないといけない事態が生じても、すぐに受入れ先を探してもらえることもある。サービス資源の調整は、ケアマネジャーの力量次第とも言えなくもない。

たとえば、ある独居高齢者のケアプランを見てみよう。このケースでは、図4-1のように、毎日、何らかの支援が組み込まれている。しかも、遠方からの親族などの調整もケアプランに組み入れられている。高齢者の生活が安心して続けられることを念頭にケアプランが練られ、各自の経済事情にも考慮しながら支援がなされている。

表4-8　2013年5月時における要介護認定申請の種別

新規申請	29.1%
更新申請	63.9%
区分変更申請	6.8%
その他	0.2%

(出所)厚労省「認定関係のデータ」第45回社会保障審議会介護保険部会資料(2013年6月6日)より作成

	月	火	水	木	金	土	日
午前	ヘルパー 1時間	デイサービス		デイサービス	ヘルパー 1時間	デイサービス	遠方の娘が来所して世話をしている
午後			ヘルパー 1時間				
夜	ヘルパー 1時間				ヘルパー 1時間		

図4-1　ある独居高齢者のケアプラン

また、もし、自分と相性の合わないケアマネジャーと感じたら、別のケアマネジャーに替えることもできるので、遠慮せず申し出たほうがよい。「今のケアマネジャーに悪いから、我慢しておく！」といったことは好ましくない。

ケアマネジャーを選定する、もしくは交替するなどの相談は、先の「地域包括支援センター」という高齢者の相談機関でも応じてくれる。相談は無料で、中立・公正の立場で対応してくれる。初めて介護保険サービスを利用する人にとっては、初歩的なことから相談にのってくれるので安心だ。

しかし、ケアマネジャーの選定には、知り合いに介護保険サービスを利用している人がいれば、情報を得ることも有効な手段だ。「口コミ」で良いケアマネジャーを見つけることは、よくあるパターンで、身近な人に聞いてみるのもいいかもしれない。

退院するにあたって

具体的に、介護サービスが必要となる場合を考えてみよう。その多くは、急に脳梗塞などで体調を崩し病院に搬送され、治療は終えたものの完治することなく心身に障害が残り、退院間近となって、家族や本人らは介護サービスの必要性を実感する。そして、退院前にケアマネジャーを決めることになる。入院先から在宅介護の段取りを調整する必要があり、ケアマネジャーの選定は在宅介護スタートに向けて重要なプロセスとなる。

総合病院や大学病院などの大規模な病院では、「退院支援室」「医療相談室」といった窓口が設置され、在宅介護に向けた相談に応じてくれる。在宅介護に精通した看護師や医療ソーシャルワーカーなどが、ケアマネジャーの選定なども含めて相談に応じてくれる。経済的に困窮している場合には、生活保護制度の活用も含めて対応する。

なお、ケアマネジャーになるには、介護に精通した、たとえば、「看護師」「介護士」「社会福祉士」「薬剤師」「歯科衛生士」などといった基礎資格を有し、五年以上の介護関連の現場経験を積む必要がある。そして、受験資格を得てから試験に合格して研修を経なければ、ケアマネジャーとして働くことはできない。しかも、五年ごとに更新研修があり定期的に勉強していかなければならない。
その意味では、退院して医療ニーズの高い在宅介護をスタートするともなれば、医学知識に明るいケアマネジャーを選定しておくのもいい。そのような希望も、もしあれば「退院支援室」「医療相談室」に申し出ておくことが重要であろう。

書類整理に追われる

筆者は、二年間ケアマネジャーの仕事に従事している中田真理さん(仮名)に話を聞いた(二〇一四年七月二五日)。三〇歳の時に介護分野に転職して特別養護老人ホームで介護士として働き始め、後に在宅ヘルパーとして従事した。そして、五年の経験を積んでケアマネジャーの資格を取得しており、介護業界での仕事は通算八年目となる。

ケアマネジャーの仕事は、介護保険サービスの調整役であるため、利用者の日常生活では足りない部分を支援している。もっとも、膨大な書類を整えるのに忙しく、高齢者と関わるよりパソコン画面上の作業や書類整理に時間が費やされているそうだ。本来、相談業務が主軸だが、どうしても、業務のうち五割程度は事務処理に追われているという。

担当しているケースは約四〇人で、独居が七人、老夫婦世帯一〇人、三世代・二世代世帯が二〇人程度である。ただし、六〇歳の息子や娘が八〇歳代後半の親を介護している二世代世帯もおり、孫がいる三世代世帯は少なくなっているそうだ。

男性の介護

なお、昨今、男性単身で親の介護をしている「男性の介護」も増え、親と息子など二人の介護生活を送っていることも珍しくないという。その場合、献身的に介護をしている男性介護者でも、たとえば、母親の下着を買うのに躊躇するなど、男性ならではの介護の悩みがあるという。ヘルパーなどに下着類の買い物を頼むことになるのだが、何気ないことでも男性にとっては、介護上の課題となる。

4．在宅サービスのあれこれ

在宅介護ヘルパーに聞く

具体的な在宅介護サービスといえば、すでに述べている「ヘルパー（訪問介護）」サービスである。専門の介護士が自宅に来てくれて、「掃除」「洗濯」「買い物」「排泄介助」「入浴介助」など、生活支援から身体介護まで担ってくれる。これがいわば在宅介護の基本的なサービスだ。

掃除、洗濯、買い物、住環境整備などのヘルパー支援を受けることで、独居高齢者や老夫婦世帯の在宅生活が維持される。かつて筆者がケアマネジャーの仕事に就いていた経験からいえることは、「腰をかがめて風呂やトイレ掃除をする」「牛乳・トイレットペーパーなどの大きな買い物」などは、身体機能が低下した高齢者にとって非常に負担となることだ。筆者は愛媛県松山市の某訪問介護事業所を訪ね(二〇一二年六月一〇日)、責任者の上田美智子さん(仮名)らと、数名の現役ヘルパーに話を伺った。上田さんらは、介護保険制度が始まる前の措置制度時代(行政主体の介護サービス)からヘルパーの仕事に従事しているベテランである。

愛媛県は離島も多く中山間地域が大部分で、松山市は県庁所在地であるため都市的機能を有した数少ない地域である。ただし、街中で訪問介護事業所を展開していても、家族や本人は重度となれば施設志向が強いようだ。上田さんの事業所でも要介護度4といった重度の高齢者もケアはしているが、大部分は要支援1~2、要介護度1~2といった軽度者が多いそうだ。軽度のうちは在宅で生活を送り、重度になったら施設系サービスに入所というケースが多いという。

生活援助サービスの短縮化

介護保険のヘルパーサービスは、身の回りの生活を支援する「生活援助(家事援助)」と、直に身体の介護をする「身体介護」に大きく分類されるが、ここ数年「生活援助」のケア時間の短縮化が顕著となっている。従来、「生活援助」というサービスは最大九〇分程度まで保険内で保障されていたが、二〇一二年度の介護報酬改定以降は六〇分程度までしか認められなくなった。松山市内であっても在宅介護生活を送っている高齢者には軽度者が多いため、多くの要介護高齢者が生活援助サービスを利用していた。適正な訪問介護計画を作成したとしても、従来のサービス時間九〇分程度の生活援助サービスが必要なケースもあったのだが、六〇分程度しか保険で認められなくなった以上、その範囲で計画を見直すしかなかったという。具体的には、週三日の生活援助サービスを利用していた高齢者は、一回のケア時間が九〇分から六〇分程度に短縮されたため、掃除や住環境整備といったケア時間を削ったようだ。

デイサービスとデイケア

繰り返すが、在宅介護に欠かせないサービスに「デイサービス(通所介護)」がある。これは日帰り型の施設サービスで、朝八時半から夕方の四時過ぎまで日帰り形式で高齢者を預かり(場合によっては夕方六時過ぎまで延長可能な場合もある)、「昼食」「入浴」「体操」「簡単なリハビリ」「レクリエーション」などのサービスを提供して、閉じこもりがちな要介護者が外に出て、多くの人と関わることを意図したサービスである。いっぽう、家族にとっても日中施設で預かってもらえれば、その時間は一息つけることになり家族ケアの意味合いもある。

昨今、デイサービスの「レクリエーション」メニューでは、従来の「カラオケ」「風船バレー」「かるた」といった内容は子ども向けで単純であるといった批判から、各施設で工夫をこらした活動が注目されている。たとえば、認知症予防という意味合いで「計算ドリルを使った頭の体操」「本格的な油絵」「陶芸教室」「施設内通貨を用いたカジノ」など、レクリエーションメニューが多様化している。

自宅にいるだけでは心身ともに衰えてしまうことから、日帰りでも施設へ出かけメリハリのある生活リズムを維持していくことが目的とされている。特に、独居高齢者は、食生活のバランス維持や体操・リハビリといったことを心掛けることで、在宅生活が長く続けられるメリットがある。デイサービスは在宅介護生活を維持していくうえで効果的だ。

なお、二〇一五年の改正で、送迎にあたってデイサービスの職員が利用者の自宅まで訪問して、着替えの荷支度を行ったり、部屋から玄関まで付き添う際の介護時間が、デイサービスの利用時間として認められるようになった。これまではデイサービスに行くための「介護」は、別途、ヘルパーに依頼して行っていたが、デイサービスの職員が行うことができるようになったのである。

いっぽう、同じ通所型で「デイケア」という介護保険内サービスもある。これは「デイサービス」よりも、さらにリハビリテーション(リハビリ)に特化したサービスで、心身の機能維持を目的に理学療法士や作業療法士などといったリハビリの専門職がケアにあたる。しかも、専門の医師の関与があることも「デイサービス」との違いである。もちろん、入浴や昼食などのサービスもあるが、心身の機能維持や向上を目指すには「デイケア」サービスを選択するべきである。

けれども、「デイサービス」などの通所型介護サービスは、都市部を中心に供給過剰であることは否めない。ある地域では「コンビニエンス・ストア」よりも「デイサービス」のほうが多いといった事態が生じている。他の介護保険サービスよりも参入しやすく、特に、利用者一日一〇人未満といった、いわば民家を改造した「小規模(ミニ)デイサービス」の増加が著しい地域では、保険給付の不適正受給の事例として問題視されている。

ショートステイとは

介護している家族が日々の介護に疲れたり、少し、休みたくなる時がある。または、急に葬式や結婚式で遠方に赴かなければならない事態が生じることもある。

このようなケースでは、既に述べた「ショートステイ(短期入所介護)」というサービスが有効だ。一週間〜一〇日間、特別養護老人ホームや単独の短期入所介護施設で要介護高齢者を預かってもらえる。

ただ、都市部ではサービス量が不足しているため一か月以上前から申し込まないと利用が難しい。地方でも空ベッド次第だが、申込みから利用までに三日から一週間程度は時間を要する。

介護者が体調を崩してすぐに利用したいとなっても、その利用は難しいのが実態だ。

厚労省は少しでも緊急性に対応できるように、二〇一五年の介護報酬改定で方策を講じている。たとえば、特別養護老人ホームなどの静養室などを、ケアマネジャーが緊急性有りと判断すれば、ショートステイとして利用できる。有料老人ホームの空ベッドも介護保険内のショートステイとして活用しやすくなった。第1章で触れた「小規模多機能型居宅介護」というサービスにおいても、登録メンバー以外でも条件次第だがショートステイとして利用できるようになった。その意味では、一五年四月から若干ではあるがショートステイの資源が拡充しているため、利用する必要に迫られたなら、担当ケアマネジャーに相談してみるといい。

地域住民しか使えないサービス

介護保険サービスの中に「地域密着型サービス」という分類がある。原則、当該介護事業所内の市町村住民しか利用できない介護保険サービスである。

代表的なサービスに「グループホーム(認知症対応型共同生活介護)」「認知症デイサービス」、第1章で触れた「小規模多機能型居宅介護」「定期巡回・随時対応型訪問介護看護」などが挙げられる。

「グループホーム」は、認知症の方を専門に受け入れる施設機能を有したサービスで、特養などの施設と違ってアットホームな少人数形式でケアがなされる。全室個室で、費用は地域にもよるが、食費や光熱費など総額月一三万〜一八万円が相場となっている。重度の方でも看てもらえるが、基本的には要介護度1〜3の高齢者が利用している。五〜一八人の共同生活スタイルで、自宅近くで二四時間受入れ可能という施設的なサービスが目指されている。

「認知症デイサービス」は、認知症の要介護高齢者に特化した「デイサービス」で、プログラムメニューも認知症専門の工夫がなされている。

地域包括支援センターの役割

在宅介護の拠点となる機関が「地域包括支援センター」である。全国に二〇一三年四月時点で四四八四か所設けられ、その約三割は自治体直営で約七割は市町村から社会福祉法人や社会福祉協議会、医療法人などに委託されて運営されている。これらに委託運営されていたとしても公的な側面をもった相談機関であることに変わりなく、高齢者の諸問題や介護案件などについて無料で対応してくれる。また、介護予防や認知症対応、金銭管理が難しいケースにおいては成年後見制度への橋渡し役など、各高齢者に応じた支援を行っている。

基本的には社会福祉士(ソーシャルワーカー)、主任ケアマネジャー、保健師(看護師)などが、相談などに従事している。業務の中には、「家族介護者の会」といった地域のネットワークの場づくりや介護従事者が集ってケースのことを話し合う「地域ケア会議」を主宰するなど、地域の要としての役割も果たすことになっている。特に、医療と介護の連携強化を目的に、地域の在宅介護者とケアマネジャー、ヘルパーなどといった従事者が集う会なども主催して、地域における医療・介護資源のネットワーク化にも努めている。介護が必要となった、何か不安なことが生じた、施設の選びかたはどうすればよいかなど、些細なことでも相談にのってくれるので気軽に活用いただくとよい。

5．利用しにくい介護保険サービス

制約されるサービス

介護保険サービスは保険料や公費（税金）が基になっているため、サービス価格（公定価格）の一割の自己負担（一定以上の所得者は二割）で利用できる。もっとも、その使い方には制約がある。

たとえば、ヘルパーサービス（訪問介護）であれば、「同居家族の食事をヘルパーが作ることはできない」「同居家族の部屋を掃除することはできない」「日中、健康な同居家族が居住している場合は、ヘルパーは利用できない」「庭の手入れをすることはできない」「車椅子などの要介護高齢者を、ヘルパーが病院へ通院介助した場合、院内での介助は病院側が行うため保険サービスは使えない」。また、余暇活動として「映画に行く」「友人と食事に行く」といった目的のために外出する際にヘルパーを利用することもできない。

しかし、在宅介護は生活を支えるため、保険が利くか否かのルールを決めても境界線を明確にすることはできず、これらの判断で介護現場では混乱が生じることがある。しかも、法令では文章化はされているが、具体的な案件は市町村の介護保険担当者が決めていくため、その解釈をめぐって地域格差が生じている。同じ市町村であっても担当者が変わっただけでも判断ニュアンスが異なり、ケースによって差が生じることもある。これらは介護現場では「ローカルルール」と言われ、介護保険サービスのデメリットとして挙げられる。

買い物難民

また、デイサービス（通所介護）においては、たとえ隣がスーパーマーケットであっても、昼休みに介護士の介助のもと簡単な買い物に付き添ってもらうことは、原則、認められない。一人の要介護者のために施設を外出したら、施設内の介護士が手薄となり決められた人員配置を下回ってしまうからだ。そのため、近所にお店がない要介護高齢者で、デイサービスに来たついでに買い物をしたいと思う人もいるが、難しいのが現状だ。

昨今、介護現場では「買い物難民」という言葉が浸透しており、近隣の商店街などが「シャッター街」となるなど、要介護高齢者が徒歩圏内で買い物することが難しく苦慮していることが珍しくない。ヘルパーに頼むこともできるが、掃除や洗濯などに稼働時間が費やされてしまうため、遠く離れたスーパーまで買い物に行く時間がないケースもある。「買い物難民」は、地域社会の変容が要介護高齢者に大きく影響を及ぼしている一例である。

自費によるサービスの活用

一定の経済的余裕のある要介護高齢者は、介護保険サービスに頼らずとも全額自費で利用できる家政婦やヘルパーサービスなどを活用する。もしくは、保険が認められる部分は介護保険サービスを活用して、認められない部分は全額自費サービスを使う「混合介護」といった形態で介護サービスを利用する高齢者も少なくない。

特に、既述の通院の際の介助に関しては、病院までの行き来には介護保険サービスを利用するが、院内の介助は全額自己負担とするなど「混合介護」の典型的な利用形態が浸透している。

しかし、このような介護保険が利かないサービスが浸透することで、第一に、経済格差が生じてしまう。余裕のある高齢者は「混合介護」が利用しやすいが、そうでない要介護高齢者には難しい。第二に、地域格差が生じてしまう。全額自費の介護サービスを引き受ける介護事業所は都市部に多く、地方では事業展開されにくい。すなわち、都市部と地方の格差を助長してしまう。第三に、自費による介護サービスは、完全市場サービスであり、あくまで消費者保護の視点に徹しないと、自治体などの関与が難しくなる。認知症高齢者が増えている中でもあり、自費によるサービス形態の課題は多い。

したがって、介護保険外サービスの活用やそれらと保険内サービスの併用といった「混合介護」については、メリット・デメリットを精査したうえで考えていくべきである。

ボランティアなどの活用

もっとも、在宅介護の一部を有償ボランティアなどの公的なサービス以外で担ってもらう議論が活発化している。たとえば、「地域助け合いネットワーク」といった組織である。ＮＰＯ法人や有志の会、社会福祉協議会などによって事業展開されている。

年会費三〇〇〇円前後を支払い、独居高齢者などが会員となり、協力者に「買い物」「電球の取り換え」「簡単な掃除」などの支援を頼むというシステムである。支援する人たち（協力者）は地域の主婦や退職した元気高齢者で、一回五〇〇～一〇〇〇円程度の謝礼を受け取り支援する。このような取り組みが増えることで、介護保険サービスの利用を少しでも抑えていくことが目指されている。

たしかに、このような地域の支え合いづくりは重要であり、さらに活発化させていくべきであろう。しかし、このような有償ボランティアのサービス資源は、介護保険サービスの代替になることはない。むしろ、補完的なサービスであり公的サービスといった基盤が整備されてはじめて、活性化されるものである。

6. 質の悪いサービス対策

悪い介護従事者

介護サービスを受ける際、必ずしも質の良い介護士、ヘルパー、施設に巡り逢えるとは限らない。たとえば、稀に在宅を訪問して金銭を盗んでしまうヘルパーもいる。明らかに犯罪行為である。

もしくは、犯罪まではいかないまでも、声かけや接し方が「雑」である場合もある。介護技術レベルが低いこともありえる。介護施設では外部からの目が行き届きにくいこともあり、なおさらサービスの質が悪いと感じる高齢者もいるだろう。介護事業者といえども、必ずしも良質なサービスを提供しているとは限らない。特に、繰り返すが、介護人材不足によって、全体的な介護士の質の低下は否めない。

このような介護士や介護事業者に巡り逢ってしまった場合、しっかりと「苦情」を申し述べられればいいが、あまり言い過ぎると「面倒を看てもらえなくなるのでは」と不安になり、言いたいことも言えない要介護者や家族も少なくない。まして、地方などでは介護事業者が少ないため、介護事業者Aが嫌なので、介護事業者Bに替えたいと言っても、選択の幅が狭く難しいこともある。

このような場合でも、遠慮せずにしっかりと「苦情」を申し立てることが重要である。基本的には市町村の介護保険担当窓口、もしくは各都道府県の国民健康保険団体連合会が苦情相談窓口となっている。なかなかじかに介護事業者には苦情を言いづらいため、このような相談窓口が設定されている。

苦情相談窓口の活用

筆者は、ある苦情相談窓口を訪問して、介護保険サービスにおける「苦情」の現状について関係者に聞いた（二〇一三年九月八日）。担当者によれば、相談に訪れる家族や本人（軽度者）の多くは、「苦情」に来ても話すことで気が紛れて、その後、帰ってしまうケースが多いという。苦情相談窓口の役割は、このような「愚痴」「文句」を受け止めるだけでも重要だという。しかも、「苦情」の中には、利用者や家族が制度を誤解して、それまで介護事業者の「非」を感じていたが、第三者である苦情相談窓口の相談員と話して、改めて誤解だったと気づくケースも少なくないという。

けれども、苦情相談の中には、「いつもヘルパーが約束の時間に遅れて来る」「ヘルパーは訪問した自宅のことを、他人に仕事以外の時間帯に話していた」「介護施設で夜中に親（高齢者）

がベッドから落ちてしまっても、家族に知らせないままにしていた」など、職業倫理に欠けるケースも多々あるという。このような「苦情」に関しては、関係機関と調整するなどして、権限を有する自治体などの指導機関に対応してもらうそうだ。

なお、在宅介護サービスの中には、各自治体が税財源を基に提供している独自サービスがある。たとえば、「紙オムツ等購入助成制度」「配食サービス」「訪問理美容サービス」などが挙げられる。これらのサービスにおける苦情などは、介護保険サービスではないので、直に各自治体に問い合わせをする必要がある。

第5章
施設と在宅介護

1．地域包括ケアシステムとは

五つの要素

よく二〇二五年が介護施策の節目とされているが、これは団塊の世代の方々が七五歳以上になる年で、この時期までに「地域包括ケアシステム」を整備しておかないと、国や自治体は多くの高齢者を困窮させてしまい問題が生じると考えられている。この先、財政的制約もあることから介護施設を多く整備することは難しく、できる限り在宅介護へシフトしていくねらいがある。

このシステムは大きく五つの要素に分かれており、①住まい、②医療、③介護、④生活支援、⑤介護予防となっている（厚労省ホームページ「地域包括ケアシステム」より）。政策立案者である国が打ち出したこれら五つのキーワードを筆者なりに解釈すれば、在宅で最期まで暮らしていくには「住まい」の確保が基本と考えたのであろう。要介護高齢者が在宅で住み続けるには「医療」や「介護」サービスが地域で充実していなければならない。

たとえば、「電球を取り換える」「トイレ掃除」「ゴミ出し」といった、現役世代にとっては何ら支障のない生活行動も、心身共に機能が低下している要介護高齢者にとっては、非常に困難をきたす課題となる。そのため、地域住民の助け合い（ボランティア組織の構築）や簡単な「生活支援サービス」が整備されることで、多くの高齢者が在宅で生活しやすくなる。

しかも、高齢者自らがボランティア活動をすることで「介護予防」につながり、六五〜七四歳の元気高齢者が、七五歳以上の要介護高齢者を支援するといった、世代内助け合いシステムが構築されることで、相乗効果が期待できるとされている。

自助と互助

「地域包括ケアシステム」という施策では、公的サービスに併せて「自助」「互助」といった理念が重要視されている。高齢者自身が心身に気を遣いながらできるだけ「介護予防」をこころがけ、運動や食生活のバランス維持に努めていく。また、自分でできることは自分で行い、一定の経済的余力があれば公的サービスに頼らず自費でサービスを使うことも、「自助」努力にあてはまるのではないだろうか。

さらに、地域の助け合い組織を強化して、ボランティア組織が活性化されることで、在宅介護も促進されるのではないかと考えられている。実際、各地で自治会役員やＮＰＯ法人などの団体が助け合い組織を強化しており、それらが「互助」組織の活性化の先進事例として紹介されることも少なくない。

ただし、「自助」や「互助」といった理念に基づくサービス形態、もしくは高齢者の意識変容を、在宅介護施策の中心に据えていくのには多くの課題を残す。もちろん、「自助」や「互助」に基づく施策は重要であり、各地域で活性化させていくことは必要不可欠であろう。けれども、その結果、かなりの個人差や地域格差が生じてしまいかねない。繰り返すが、あくまでも「自助」や「互助」に基づく施策は、公的サービスの「補完」であって「代替」にはなりえない。公的サービスがしっかりと整備されてこそ、「自助」「互助」といったサービス形態が活性化されてくる。

「互助」は減退

特に、「互助」によるサービスの担い手不足は、一部を除いて全国的な傾向になりつつある。非常勤公務員でありながらまったくのボランタリー（無報酬）の立場で、地域住民の福祉

表5-1　民生委員の定員不足状況（人）

	2010年	2013年
定数	233,905	236,271
委嘱数	228,550	229,488
定員不足	5,355	6,783

（出所）厚労省「社会福祉行政業務報告」より

活動や相談業務に尽力している民生委員の定員不足が顕著となっている（表5-1）。民生委員制度の歴史は長いが、一昔前までは地域の名誉職的な立場で、地域住民をまとめるような機能を果たしてきた。しかし昨今、高齢者や児童、生活困窮者といった福祉ニーズが多様化するなかで、民生委員の役割において福祉関連業務のニーズが高まり、公的サービスの橋渡し的役割が重視されている。民生委員の定員不足が加速すれば、地域の中に潜む福祉ニーズを必要とす

る人を公的サービスにつなぎにくくなる。

また、ボランティアの担い手においても、一九九〇年代と現在とでは地域で活動する人たちの実態はまったく変貌している。従来、ボランティア活動の担い手は子育てを終えた専業主婦や定年退職をした六〇歳代前半の高齢者層であった。もちろん学生ボランティアも考えられるが、地域の核となるのは、これらの層であった。それが現在、専業主婦層は減少傾向にある。しかも、六〇〜六四歳における就労率は、男性が七割を超え女性も半数近くになっている。これらの傾向は男女共同参画の進展や高齢者雇用の促進といったように好ましいものであり、今後も取り組まれるべきであろう。ただし、地域のボランティア活動の担い手という観点からは、あまり過度の期待はできない実態は認識しておくべきであろう。

2. 施設あっての在宅介護

施設と在宅の対立軸は危険

つまり、「地域包括ケアシステム」といった在宅介護にシフトした施策は理想ではあっても、一部の地域でしか実現できず、全国的にみると実現は難しいと考える人も多いであろう。繰り返しになるが、在宅介護の現場は本人や家族を含めて困窮しているケースも少なくなく限界を感じている人も多い。

したがって、在宅と施設といった二分法的な考え方ではなく車の両輪として据えるべきであろう。実際、総合病院などから退院を余儀なくされ親の介護を在宅で担うか、もしくは施設を探して入所を考える家族の中には、「いつでも施設で受け入れてもらえる環境があれば、とりあえず在宅で介護をやってみよう」と考える人が多い。

つまり、家族は在宅で看る気があっても、「もし、難しくなったらどうしよう」という不安から在宅介護を躊躇する。もちろん、独居高齢者の中にも、何かあればすぐに施設に入れるといった安心感があれば、「とりあえず、ヘルパーさんを頼んで在宅で介護生活を送る」という要介護高齢者もいるのである。

ショートステイの問題

既に述べたが、都市部はショートステイのサービス資源が少ない。過去に筆者が担当していたケースは、八三歳の妻が八九歳の夫である要介護高齢者を介護していたため、必ず二か月に一度、施設に一週間程度預け家族の介護負担を軽減する必要があった。しかし、毎月申し込んだとしても、必ずしも利用できるとは限らず、結果的に二か月に一度の利用しかできなかった。本来なら、毎月一週間利用できれば、介護負担はかなり軽減されたのだが。

今でも都市部のショートステイサービス不足は深刻で、すでに述べた劣悪な「お泊り付デイサービス」やグレービジネスが代替しているという。

一方で、都市部から三時間程度離れた地方の特養や老人保健施設では、申し込んでから三日〜一週間程度でショートステイの利用ができる。もちろん、その時の空き状況にもよるが、都市部と比べればはるかに利用しやすい。

在宅介護を推進するといっても、家族や本人が急に体調を崩した際の施設入所が難しい状況であれば、はじめから施設に入所させておこうとする施設志向は高まるばかりだろう。

施設と在宅の往復を

数は少ないが都市部の特養では待機者が多くいるため、一定のベッドを数人でシェアするシステムが試みられている。

特養は、一度入居(入所)すれば、大きな病気をしなければ終身利用できる施設である。もっとも、その分出入りが少なく、回転率が低くなり待機者が絶えない。結果、一〜三か月間特養に入居し、その後、一定期間在宅で介護生活を送り、再度、施設に短期間入居するといったように在宅と施設とでローテーションを組んで生活することで、家族や要介護高齢者の介護生活が安定するケースもある。

在宅介護一辺倒では介護生活が不安となるため、施設と在宅を往復する仕組みによって安心できる支援を目指すのである。しかも、施設と在宅を往復することで、限られた特養ベッドを何人かでシェアすることもでき、少しでも待機者を減らすことができる。だが、それには在宅と施設を上手く調整するソーシャル・ワーク技術がより施設側に求められる。

なお、施設側には特養待機者に対しても、適宜、待機者の家族などを集めて情報交換会などを開催して支援している施設もある。在宅介護を担っている家族の中には、すぐに入居（入所）できないかと、ギリギリの介護生活を送っている人も多い。待機者の家族も支援対象者と据えられることによって、在宅の家族介護者の精神的な支えにもなる。

一体的経営をめざす

従来、施設自らニーズを掘り起こして入所を促していくといった考え方は少なかった。まして特別養護老人ホームは待機者が多く、入所判定委員会はあるものの施設自らが在宅の要介護者に携わる必要はなかった。

そのため、施設の周辺地域においては、これら潜在的なニーズを抱えた高齢者が存在しながら、サービスにつながっていないケースも多いと考えられる。もちろん、地域包括支援センターが、これらのアウトリーチ的（潜在的に介護サービスを必要とする人を積極的に見つけていくこと）な機能を託されてはいるのだが、現状、充分に機能していない。

つまり、施設自ら潜在的なニーズを掘り起こしてサービスにつなげていく必要があるのだ。

たとえば、特養などが在宅介護サービス事業所を併設して積極的に事業展開を行い、その利用者の中から施設ニーズを掘り起こしていくべきであろう。

現在、特養が訪問介護事業所（ヘルパー）を併設している割合は、全体の施設数では一二・四％で、デイサービス（通所介護）が半数程度である。訪問看護ステーションは四％強に過ぎない（厚労省第五一回社会保障審議会介護保険部会資料より）。地方では要介護高齢者の住居間隔が離れているため、ヘルパーが訪問するのに片道四〇分以上かかるケースもあり、訪問介護事業所としては赤字となるため事業展開しにくい。

しかし、特養などの施設を母体に在宅介護サービスを展開すれば、たとえ赤字でも母体である施設事業で穴埋めすることができる。施設と在宅を経営面でも一体的に考えながら、在宅介護資源を整備するのである。そして、赤字の在宅介護事業を展開している施設には、施設の介護報酬を上乗せするなどの財源措置を講じれば地方での在宅介護資源も増えるのではないだろうか。

在宅と施設を両立させる、今後の介護報酬改定に期待したい。

話題となった杉並区の選択

ただし、大都市部では地価が高騰しており、新設の特養が作りにくい。そこで、マスコミ報道でも有名となったが、杉並区は南伊豆町に特別養護老人ホーム（特養）を設置する計画中で、二〇一七年度完成を目指しており、一〇〇人程度が入所できる見込みだ(「杉並区：静岡・南伊豆町と特養整備で合意」毎日新聞東京版、二〇一四年一二月一八日付)。

筆者は、大都市部の地価高騰という背景を考えるならば、郊外に特養を設置し都市部から地方へ要介護高齢者が移住する施策も、一定程度いたしかたないと考える。ただし、その郊外化の地域は、たとえば、東京二三区の住民の行き先が、東北地方や北関東といった遠方になることを想定しているわけではない。公共交通機関を活用して、おおよそ二時間以内の場所に特養を設置するということで、「セカンドベスト」として認められるべきではないだろうか。

3. 他の施設系サービス

埋没する施設

養護老人ホーム及び軽費老人ホーム(ケアハウス)という施設について聞いたことはないだろうか。これらは措置制度(行政主体の制度)もしくは契約型施設であり、その運営には公費(税金)が多く投入されている老人福祉制度に基づく施設である。特別養護老人ホームも、同じように老人福祉制度に基づくとはいえ、運営費は介護保険制度によって賄われている。なお、これらは公費によって賄われているため、入居(入所)者の自己負担額は所得に応じて異なり、低所得者層はかなり低くなっている。

　二〇〇〇年に介護保険制度が創設されてから、高齢者福祉施策は介護保険制度の動向に大きく影響を受け、老人福祉制度に基づく養護老人ホームや軽費老人ホーム（ケアハウス）の存在意義は小さくなっていた。実際、養護老人ホーム及び軽費老人ホーム（ケアハウス）においては、定員割れといった実態も見受けられ、施設経営に大きな影響を与えている。

　特に、一部の自治体では生活保護受給者に対してはアパートなどで暮らすように促し、養護老人ホームへの入所を勧めないといった事態もみられる。また、軽費老人ホーム（ケアハウス）などは契約型施設であるため、高齢者への周知が行き届かず、サービス付高齢者住宅に利用者が流れてしまい、その存在意義が浸透しにくくなっている。

　「地域包括ケアシステム」においては、在宅で暮らしていくことが理想とされているが、このような高齢者の中には施設で暮らしたほうが適切であるケースもある。これら潜在的ニーズをどのように引き出していくかが重要となろう。

有料老人ホーム

　有料老人ホームと聞くと入居金が数千万円で毎月三〇万円以上の経費がかかり、かなりの富裕層しか利用できないと考えがちだ。しかし、昨今、入居金二〇〇万～三〇〇万円程度で、地域にもよるが毎月一五万～二〇万円弱で利用できる有料老人ホームもある。

ある地方都市の有料老人ホームは、入居金五〇万円で毎月の総費用は、要介護度にもよるが、約一五万円前後であった。ここの施設長は、できるだけ厚生年金受給者の方が入居できる値段設定を心掛けているという。地価が安いためイニシャルコストを低く抑えることが可能である。けれども、地方都市では国民年金受給者が多いため、毎月一五万円でも高いサービスとなる。

いずれにしても、全室個室で月一五万円弱であれば、特別養護老人ホームの個室タイプの値段設定と大差はないのかもしれない。なお、有料老人ホームといってもヘルパーなどの介護部分は、一部、介護保険制度を活用することになっており、毎月の経費は要介護度に応じて負担額が変わってくる。

もっとも、繰り返すが都市部となると、毎月少なくとも二〇万〜三〇万円弱の自己負担が必要となる。有料老人ホームは価格設定からして幅が広く、地域によっても異なる。しかも、サービスの質も施設ごとに異なるため、一度、お試しで三〜四日体験入居してみるべきだろう。一応、入居しても気に入らないで退居した場合、一定程度入居金は戻ってくるシステムにはなっているが、やはり損失はまぬがれない。見学だけでは施設の良し悪しは判断しづらいので、よくよく考えるべきだ。

施設選びのポイント

数多くある高齢者向け施設の選択に困るという声を多く耳にする。筆者としては選択の際に以下のポイントを、押さえておくことをお勧めする。

第一に、ボランティアなどの地域住民との交流が深い施設は、かなり安心できる施設といえるだろう。施設というと外部との交流が薄くなり、介護スタッフも閉鎖的になる。稀に施設内で虐待事件が生じることもある。その点、常に地域のボランティアが出入りしている施設は、職員がそれなりに周りから見られているという緊張感があり、閉鎖的にならない。

第二に、介護スタッフなどの職員の離職率を考えていくべきだろう。質の高い施設は職員の離職率も低く労働環境も良い。施設サービスは、ほぼ職員の労働環境の良し悪しと関連しているため、職場環境が良好であれば、介護スタッフも余裕があり良いサービスが提供できる。

第三に、看護スタッフが二四時間体制かどうかを確認しておく必要がある。看護師が二四時間在勤している施設は少ないが、在勤していなくとも緊急体制がしっかりしており何かあれば、すぐに施設に駆けつけてくれる看護体制になっているか否かは確認しておくべきであろう。

第四に、建物の豪華さに気をとられないほうが良い。新しい建物だと、どうしても素晴らしい施設と考えがちだが、介護サービスは職員の質によるところが大きい。できればすでに入居している方の家族などに話を聞きながら、これからの施設選びを行うことをお勧めする。

4. 東日本大震災からの教訓

忘れられない東日本大震災

二〇一一年三月一一日、忘れようがない東日本大震災が起こり、多くの命が犠牲となった。筆者は、三月一一日から幾度か仙台市の地域包括支援センター職員と電話で連絡を取り話を聞いたのだが、当時は震災の二日後から多くの人が避難所に来ることになり、高齢者や障害者のケアに多忙を極めているといった様子であった。

震災後一か月が過ぎて、被災地の介護現場を回ったのだが、とりわけ避難所で暮らす高齢者の生活が印象的だった。福祉避難所の設置は少なく、一般の避難所で暮らす高齢者や障害者は車いすなどを用いているため場所も狭く、一般中学校を活用していたためトイレなどは困難を極めていた。しかも、一般避難民に迷惑をかけたくないと倒壊した自宅に帰ってしまう高齢者や障害者もいた。

なお、物資は全国から送られてきており、ボランティアも多数支援に来てはいたが、野菜類が足りないのが印象的だった。被災地では野菜ジュースなどが喜ばれ、視察するたびに各所で野菜不足による栄養状態のアンバランスの危惧をよく耳にした。支援物資はどうしても炭水化物（菓子パンや麺類など）が多く、野菜や果物類が少ない。被災者の中には血糖値が極めて高く標準を超え、糖尿病の危険性も懸念されるという人もいた。早急に食生活を変えないといけないようだった。

また、集団生活が続くと感染症対策が大きな課題となり、避難所内ではすでに風邪などが蔓延しつつあった。しかも、避難所生活では運動不足になりがちで筋力低下を招き足腰が利かなくなってしまうようだった。一日二回ほど体操の時間を設けてはいたが、狭いフロアでは充分な運動ができていなかった。

施設が福祉避難所へ

数少ない福祉避難所では多くの高齢者が一フロアに一〇人以上、ベッドを並べて生活していた。通常であればリハビリやレクリエーションなどを行う場であった介護施設のホールが、福祉避難所として活用されていた。食事作りも給湯用のホール内の小さなキッチンでなされ、廊下などに支援物資が箱ごと積まれるなど、住環境は良好とはいえない状態だった。

にもかかわらず、家屋が津波に流されてしまったのだから、しばらくは福祉避難所で生活するしかないと、多くの高齢者は納得していた。ある九〇歳の高齢者にお話を伺ったのだが、「自分は何十年もこの町で暮らしてきた。友人も多くいる。役所から、一時、仙台市など遠く離れた施設で生活したらと勧められた。そして、町全体が復興したら戻ってくれば、と。だが、知らない土地で友人もいない施設に移っても寂しいだけだ。不便であっても、知っている仲間と避難所で暮らしていたほうが落ち着くよ。時間はかかるかもしれないが、仮設住宅ができるまで、避難所での生活で我慢する！」と、率直な心境を話してくれた。

支援している役場職員にも話を聞いたのだが、一か月以上も経つと福祉避難所で暮らしている高齢者には、何処にも行くあてがない独居高齢者や老夫婦高齢者が多くなったという。東京や仙台市内に息子や娘がいる高齢者は、親族を頼ってすでに一時移住していた。そのため他県などの介護施設へ入所できるよう調整はしているが、高齢者自身が移住したがらない、そのため福祉避難所の役割はしばらく続く、ということだった。

ただ、一か月以上経つと、一般避難所から福祉避難所に移ってくる高齢者も増えたそうだ。震災直後、多くの住民が小学校などの一般避難所で生活するようになったが、一か月以上経つと、問題行動等が発覚し福祉避難所に移ってくるのだ。震災前に独居高齢者の一部は認知症の疑いがあっても介護保険サービスなどを利用せず、何とか自力で生活していた。しかし、震災によって避難所で他人と接するようになったことで、徐々に問題行動が目立ち始め、周りの人から認知症の疑いがあると認識され福祉避難所へ移っていく――。

つまり、震災で避難所での共同生活を余儀なくされたことによって、介護サービスが必要な高齢者が顕在化したということになる。

三年半後の被災地の介護現場

筆者は、定期的に被災地を視察しているが、その中で石巻市内で訪問看護師として従事している高田幸恵さん(仮名)に話を聞いた(二〇一四年八月三〇日)。

三人の訪問看護師で事業を展開しているが、震災後三年半経って高齢者の生活状態もさまざまだという。未だ仮説住宅から引っ越せない人もいれば、家族や自分で預貯金を工面しながら新居を構える人もいるなど、個人によって震災後の生活状態には差が生じている。

仮設住宅で暮らす高齢者は、住環境が狭いため訪問看護師が定期的にケアすることで重度化を防止しているという。たとえば、住環境が狭いと物を置く場所がなく、荷物が多くなり転倒の危険性が増す。そのため、部屋の中で転倒しないよう看護師が定期的に住環境を見ている。また、仮設住宅に長いことといると外に出る機会が少なくなり外部との交流が希薄化して、心身共に機能が低下してくる。そのため、サロンに行くよう勧めたり、健康状態をチェックするなどの健康管理が重要だという。もちろん体操指導も欠かさず行うという。

また、在宅で暮らしている医療ニーズの高い高齢者のために医療行為を行うのだが、定期的に通院することに困難をきたしているという。従来、東北地方は、二世帯・三世帯家族も少なくなく、家族が通院に同行してきていた。しかし震災後、転職などで子らが仙台市に移り住むケースが相次いで生じ、仮設住宅で老夫婦のみで暮らすようになって家族の支援が受けられない高齢者が増えたようだ。

何よりも訪問看護師やヘルパーらマンパワーの不足は深刻だという。被災前から深刻であったが、被災後にはさらに問題となっていた。在宅で暮らしている要介護高齢者は、本来、多くの介護や看護サービスを必要としているが、マンパワー不足で充分なサービスが行き届かない。早急に人材不足を解決しないと困窮する高齢者は増え続けるということであった。

被災地以外の在宅介護

一方、首都圏でも、二〇一一年三月一一日から交通事情の乱れにより社会全体が混乱していた。当然、首都圏に住む独居高齢者も困窮していた。筆者は二〇一一年三月一六日、豊島区のマルシモ介護事業所を訪ね、ヘルパーやケアマネジャーらに他の事業所の状況も踏まえて話を聞いた。

ある独居高齢者宅では地震によりガラス窓が割れ、部屋中に破片が散らばってしまったのだが、身体的にかなり衰えているため自分では片付けることができず、二日後ヘルパーが来る予定日まで、そのままにしておいたという。当然、その高齢者は不安で、緊急にヘルパーに来てほしいと頼んだのだが、ヘルパー事業所も急な対応ができなかったという。

なぜならヘルパーの多くが交通機関の混乱により通勤に支障をきたしていたからだ。急に介護ニーズが増えても、都心近郊に住んでいるヘルパーらが出勤できず、充分な人手の確保ができなかったのだ。特に、東京二三区内のヘルパー事業所は、そこで働いている者の半数以上が埼玉県や千葉県といった近郊圏に住んでおり通勤には一時間以上かかる。

地方都市であれば高齢者宅と同じ地域で居住しているヘルパーがケアに入ることが多いが、大都市ではこのように通勤しているヘルパーが多い。しばらくの間は、計画停電による交通網の混乱によって、ヘルパーらの中には一時間半以上もかけて自転車で通勤した人もいたようである。通勤が難しかったため帰宅せず事務所に泊まるヘルパーもいた。次の日に予定されている高齢者のケアに備えるためだ。重度の独居高齢者に対しては、ケアを休むことは許されない。もし、一日でもケアができなくなれば、食事介助や水分補給がなされず生命維持に問題が生じる。また、排泄介助がなされないと、便や尿などによって皮膚疾患を招く危険性もある。

当初はスーパーへ買い物に出かけても品数が少なく苦労していた。米、パン、牛乳、卵、冷凍食品といった食料品がなく、高齢者に食事提供する材料もない。そのため、うどんなどの麺類といった代用食で済ませていた。また、紙オムツなども売り切れてしまい、やむなくサイズの違うもので我慢していた。

ガソリン不足が直撃

大震災後一〇日間、ケアマネジャーらはデイサービス(通所介護)休止の対応に追われていた。ガソリン不足で車を走らせることができず施設の送迎ができなかったのである。そうなると閉じこもりがちとなる高齢者が増えてしまう。もし、震災が夏であったなら一週間も入浴できずに衛生上の問題が生じ、何らかの疾患原因となったかもしれない。

ガソリン不足はヘルパーらの労働環境にも影響を及ぼし、二四時間対応型のヘルパー事業所では深夜帯も女性一人自転車で訪問し不安を抱きながら仕事をしていたようだ。話を聞いたヘルパーは「このような状態が続くと、いつまで頑張れるか?」と、寂しそうな表情を見せたのが印象的であった。特に、小中学生の母親であるヘルパーも少なくなく、夫も通勤事情で不確定な状況下では、子・親類らにも多大な負担をかけてしまうと気にしていた。

電力は要介護者の命綱

周知のように福島第一原発事故の影響で「計画停電」が実施され、首都圏を中心に大きな影響を受けた。電気が使えなくなると、もっとも深刻となるのが在宅医療・介護現場である。

都内で働く訪問看護師の鈴木峰子さん(仮名)に、震災後の状況を聞いたのだが、主に①人工呼吸器、②在宅酸素機器、③エアーマット(床ずれを防ぐため)、④たんの吸引器、⑤点滴の輸液ポンプ、などが医療機器としてすべて電気で稼働しているという。

特に、人工呼吸器を使用しているケースは、一時も医療機器を止めることはできない。計画停電が実施されるとの報道がなされた時、鈴木さんは、すぐに患者宅へ出向きバッテリー交換の方法等を家族らに確認したという。計画停電は、約三時間であるため、通常バッテリーを交換すれば六時間持つので方法さえ間違わなければ問題ないのだが、たかがバッテリー交換といえども高齢者にとっては複雑で理解しがたい。しかも、バッテリー充電を忘れてしまうことも想定され、介護者への確認作業が重要だったという。

在宅酸素機器は、主に肺気腫の方が使用しているケースが多く、通常の電気による機器は、空気中の酸素を機械によって濃くする仕組みだ。しかし、停電中は機器を用いることができないため、酸素ボンベで代替することが多い。酸素ボンベを使用することに慣れていない高齢者や家族もおり、現場ではその対応に追われたそうだ。しかも、在宅酸素機器を使用している患者には独居高齢者等もおり、すべての作業を利用者自ら行う必要があったという。

また、重度の介護を必要とする障害者や高齢者は自分では寝返りができず、床ずれ予防のためエアーマットを利用している人もいる。けれども、停電になると空気が送れずマットがしぼんでしまう。そのため、寝返りなどの介助が度々必要となってくるが、一定時間内であれば空気はぬけないので、停電時間を想定して対処方法を考えることができたという。

そして、自力で「たん」を吐き出すことができない障害者や高齢者は、窒息の危険性があって吸引器を肌身離さず所持しているが、停電になると命にかかわる事態に陥る。手動式の吸引器で代替することにしても、家族等が使用方法に慣れるまでには時間を要した。

被災地の状況は、紙幅の関係でこれ以上詳しくは述べられないが、高齢者や障害者がどうしても取り残され生活困窮に陥ることは被災後の視察で痛感させられた。いっぽうで、被災時になると在宅と施設とが、要介護高齢者の支援に一体的に取り組む光景も垣間見ることができた。

第6章
医療と介護は表裏一体

1. 在宅医療の現状

介護は突然訪れる

在宅介護サービスが必要となるプロセスにはいくつかのパターンがある。一つは主に在宅で暮らしている高齢者が徐々に心身の機能低下が目立ち始め、症状が重くなり、介護サービスの量が増えていくタイプ。他方で、突然、脳梗塞や心筋梗塞などによって救急車で総合病院に搬送され、一定の治療が施された後に退院を迎えることで、介護が必要となるパターンもある。

現在、総合病院などの急性期病院と呼ばれる医療機関の入院期間(在院日数)はかつてに比べて短くなっている。患者の一部(要介護高齢者)では、「病院から追い出された」といった感情を抱く人も少なくない。

後者の場合、救急車で搬送される前まではまったく元気で、本人はもちろん家族も「介護」自体イメージしていなかったケースも多い。かつて筆者が担当した要介護高齢者は、前日までアルバイトで駐輪所の仕事をしていたが、自宅に戻ってから夜中に体調を崩して救急車で運ばれた。当時七八歳の高木聡さん(仮名)は心身ともに元気で、週三回小遣い稼ぎに仕事をしていた。しかし、脳梗塞で体調を崩し、四週間の入院を経て自宅での介護生活が始まった。
七三歳の妻と二人暮らしであったが、突然の介護生活に妻も困惑したものの、夫には住み慣れた自宅で暮らしてほしいと、「老老介護」となる在宅介護を決断した。要介護度4と認定され、ほぼ寝たきり状態となったため、月二回の通院は妻の介護では難しい状況であった。脳梗塞の後遺症もあり、言語も不明瞭であった。

そのため、入院先の総合病院から在宅医として訪問してくれる医師を紹介してもらい、訪問診療サービスを利用することになった。重度の要介護者にとって医療サービスは不可欠で、医療と介護サービスをどのように調整するかが在宅介護のポイントとなる。

なお参考までに、脳卒中(脳梗塞や脳出血、くも膜下出血など)の場合、「アルテプラーゼ(血栓溶解薬)」という薬剤を点滴し、血管につまっている血の塊を溶かす有効な治療がある。この薬を使った場合、障害が残らないでかなり回復する患者も多い。けれども、発症後三〜四・五時間以内に点滴を開始しなければならないため、時間との勝負になってしまう。脳卒中の疑いがある場合には、早急に救急搬送する必要がある。

在宅療養支援診療所

高木さんが利用した医療機関の正式名は「在宅療養支援診療所」と呼ばれ、患者の求めに応じて二四時間往診が可能な体制が確保されている。また、訪問看護ステーション等の看護職員とも連携しており二四時間訪問看護の提供が可能な診療所だ。緊急の場合には病院とも連携がなされており、体調が急変した際には入院もスムーズにできる。

二〇〇六年四月より制度化されたもので、在宅医療を推進する国の施策の切り札とも言われている。保険診療なので全額保険は利くが、医師が訪問する際の交通費に関しては実費負担となる場合もある。ただし、診療所によって請求しないこともあるので事前に確認しておいたほうがよい。

なお、医療ニーズがあるケースとして、たとえば、「経鼻経管栄養(口からの栄養補給が難しくなり鼻から胃に管を通してケアする)」「胃ろう(同じく腹部を手術して管から胃に栄養補給を行うケア)」「たんの吸引」「導尿(排尿に支障が生じカテーテルを使って尿を促す)」などがあり、これらの場合在宅療養支援診療所の医師が「かかりつけ医」となって事がスムーズに運ぶ。もちろん、通常の診療所でも往診をしてくれる場合もあるが、このような看板を掲げている診療所は在宅医を公表しており、在宅医療及び介護に明るい医師だと容易に理解することができる。

「地域包括ケア病棟」の誕生

高木さんのケースでは、妻の決断と在宅医療及び介護サービスの資源がかなり調整可能であったため、総合病院を退院してすぐに在宅での介護生活を始めることができた。もっとも、このようなケースは少数派と言っても過言ではない。

厚労省の資料（「平成七年及び平成二五年医療施設調査・病院報告の概況」）によれば、総合病院などの一般病床の平均在院日数は、一九九五年では三三・七日、二〇一三年では一七・二日となっており、この約三〇年間で半減している。

つまり、体調を崩して入院搬送されても、約二〇日以内には退院が迫られ、次の療養や介護の場所を探さなければならない。けれども、家庭の介護力や地域によっては介護資源が不足しており、すぐに在宅介護の環境が整えられないことが大半である。

そこで、二〇一四年診療報酬改定（医療の値段表の改定）において、新たに「地域包括ケア病棟」という医療資源が創設された。これは急性期医療（総合病院）の治療に一定の目途が立ち、すぐに在宅へ移行するには不安のある要介護高齢者（患者）を対象に、在宅復帰に向けて、「診療」「看護」「リハビリ」を行うことを目的としている。ただし、転院後（総合病院などから地域包括ケア病棟へ）、病状等にもよるが最長六〇日以内での退院が原則となっている。

救急搬送されても

なお、在宅で介護を受けている高齢者の一部に関しては、体調が急変した際に、この「地域包括ケア病棟」で受け入れることも想定されている。総合病院（急性期病院）は子どもから高齢者まで救急医療を視野に入れた高度な医療資源だが、高齢者の容態が急変して体調を崩した際に緊急に高度な治療を施さなければならないケースと、そうでない場合に分かれる。前者のケースでは、当然、総合病院へ搬送され救急医療が施される。しかし、後者のように緊急性は要するものの脱水症状など一定の医療機関であれば対処できる高齢者については、「地域包括ケア病棟」での受入れが想定されている。これには、限られた救急医療の資源を効率的に調整するねらいもある。

高度な治療を要しない高齢者が体調を崩し救急車を呼んだものの、受入れ先の病院が決まらず救急隊員が一時間以上も病院探しを余儀なくされていることも少なくない。総合病院では、日々、生命に関わるケースに対応が迫られているため、たとえ救急車から依頼があっても症状によっては拒まれる。その意味でも、「地域包括ケア病棟」は在宅で暮らす高齢者にとって有効な資源になることが期待されている。

つまり、①急性期病床からの患者の受入れ、②在宅の高齢者の緊急時の受入れ、③在宅への復帰支援、といった三つの機能が「地域包括ケア病棟」に課せられているのである。

療養病床のゆくえ

医療的ケアを伴い長期入院可能な医療機関として「療養病床」がある。この「療養病床」には、医療保険適用の「医療療養病床」と、介護保険適用の「介護療養病床」の二種類がある。前者はかなり医療的ケアが必要で重篤な患者（要介護高齢者）

も多いが、後者はそれに比べれば医療的ケアのニーズは少ない。もっとも、後者の「介護療養病床」に入院している患者層であっても、特養などの介護施設では対応が難しく、一定の医療的ケアは必要である。

なお、病院での長期入院形態は、介護保険制度の給付費の負担増を招くといった観点から、「介護療養病床」は二〇一八年三月までには廃止されることが国から打ち出されており、それまでに老人保健施設や医療療養病床に転換していく方針となっている。しかし、「介護療養病床」は、介護施設では充分に対応できない要介護高齢者の受入れ先として充分に機能している。実際、特養などの介護施設の多くは、二四時間体制で看護師が配置されているわけではないため、医療的ケアの必要な患者の受入れには限界がある。その点、医師も常駐しており、一定の看護体制が整備されている「介護療養病床」の意義は大きい。今後、介護療養病床の再編が上手くなされないままに一方的に廃止されてしまうと、医療的ニーズを伴う要介護高齢者の行き場がなくなってしまうかもしれない。

2. 看護と介護

深刻な看護師不足

　筆者は、某訪問看護ステーションを訪ねた(二〇一五年一月一三日)。訪問看護ステーションは「末期がん」「医療的ニーズのある要介護高齢者」などにとって在宅介護現場では欠かせない社会資源である。特に、インシュリン注射や褥瘡《じょくそう》(床ずれ)などの処置は家族以外の第三者が行うには、医師の指示を受けた看護師にしか認められていない。また、家族が医療的ケアに携わるにしても訪問看護師は良きアドバイザーとして、重要な役割を果たしている。

　話を聞いた看護師によれば、訪問看護サービスが各患者のケアプランに盛り込まれることで、誤嚥の危険性や褥瘡処理、衛生管理など家族介護者にアドバイスすることが可能となる。それによって感染症や肺炎を予防できることが大きく、要介護高齢者の重度化の予防にもつながっているという。もちろん、直接の医療的ケアも重要だが、「予防」という意味での訪問看護サービスは効果的ということであった。

　ただし、全国的に見てマンパワーが足りないのが実態だ。病院勤務の看護師に比べ、在宅の限られた空間で一人看護師自身が判断することも多く、自動車も自ら運転するなど、かなりの負担が強いられる。雪の日には訪問看護師らが自らチェーン装着をするという話も聞く。病院勤務と比べ在宅生活に関わる「看護」は、より患者(要介護高齢者)に寄り添うケアができ、「やりがい」「使命感」が向上する反面、賃金面や労働環境面では厳しいのが実態だ。多くの地域で訪問看護師が足りず、在宅介護・医療資源の不足が問題視されている。

介護士による医療行為

二〇一二年四月から一定の研修を受けた介護士やヘルパーは、看護師が行っていた「医療行為(医療的ケア)」の一部を行うことができるようになった。そもそも「医療行為」とは、家族以外の第三者が医師の指示に基づいて医療機器などを用いて医学的ケアをすることである。たとえば、「注射」「採血」「褥瘡の処理」などである。

現在、法令で決まった講習を受ければ、介護士はたんの吸引(口腔、鼻腔、気管カニューレ内部)と、経管栄養(胃ろう・腸ろう、経鼻)といった二つの医療行為を行うことができる。なお、これらの医療行為ができる介護士を抱えている事業所は、都道府県に届け出をしなければならない。

たとえば、先の訪問看護師から介護保険サービスを利用して看護サービス(医療行為)を受けたとすると、二〇一五年介護報酬に基づけば一時間あたり約八一四〇円の費用となり、一割自己負担で約八一四円になる。しかし、一部、ヘルパーに認められた医療行為で訪問介護サービスを利用することにすれば、身体介護一時間あたり約三八八〇円となり一割負担であれば約三八八円の自己負担で済む。実際、医療行為のできる研修を受けた訪問介護士（ヘルパー）は少ないものの、たんの吸引と経管栄養に関するケアだけであれば、単純に考えれば利用者の自己負担が軽減されることになる。

なお、訪問看護サービスは介護保険サービスのみではなく、医師が症状などを見極めた場合、医療保険サービスに基づいて看護ケアすることもできる。その際には、介護保険とは異なり医療保険の自己負担となって、より複雑な料金体系となる。

薬剤の飲み忘れ

かつて筆者がケアマネジャーの仕事をしていて目についたのは、独居高齢者によく見受けられることとして、飲み忘れた薬が自宅に溜まっていくことだった。特に、独居高齢者で軽い認知症を伴うと、自分で服薬管理ができず飲み忘れてしまう。しかも、繰り返し通院して薬をもらってくるため、徐々に薬が溜まっていく。筆者は、定期的とはいえ訪問ペースは月一〜二回で、毎日、服薬しているか否かを確認できなかった。週二〜三回訪問しているヘルパーでさえも、確認はしていたのだが、本人に聞くと「飲んだ、大丈夫！何度も聞かないでくれ！」と言われるため、本人の自尊心を傷つけるのではないかと、薬袋の中身まで確認することはなかった。

このような薬の管理状況などに対処するため、介護保険制度では「薬剤師による居宅療養管理指導」というサービスがある。これは薬剤師が定期的に高齢者宅を訪問して、薬の飲み方や服薬状況等を確認する訪問サービスだ。ただし、月二〜四回の訪問に際して「約五五三〇円(利用者は一割負担約五五三円)」の費用が生じるため、高齢者の中には理解を示さない者も多い。過日、高齢者の服薬管理について話を聞いた薬剤師によれば、必要ながらも一〇人中一人しか、「薬剤師による居宅療養管理指導」は利用されていないということであった。

いっぽう、薬局によっては服薬管理が難しい高齢者に対しては、「一包化」といって、朝食後、昼食後、夕食後ごとに飲む薬を一つの袋に包んで調剤し渡すようにしている。通常、数種類の錠剤を自分で服薬する際に薬銀紙(薬を包んでいる銀紙)から取り出さなければならない。ただし、高齢者の多くはこの作業で混乱してしまい、ついつい飲み忘れてしまう。「一包化」を薬局に依頼する場合、通常の調剤料金に加え、自己負担額は少ないながらも投与日数によって、多少の費用が生じてしまうこともある。

口腔ケアの意義

在宅介護の現場で見落とされがちなのが、「口」の中のケアである。介護生活が長期化すると「歯磨き」などのケアが滞り、「誤嚥性肺炎」などの問題が生じるおそれがある。健常者であれば、自身で歯磨きを行い口腔ケアをするのは可能であるが、要介護者にとって、特に「老老介護」などのケースでは難しいケースが多い。

このような場合、訪問歯科診療などのサービスを利用しながら、歯科医師と相談し定期的に歯科衛生士に訪問してもらう。そうして、口腔ケアを行ってもらうことで介護の重度化を予防することができる。介護というと心身のケアに偏りがちだが、健常者では問題とならない口腔ケアを気に掛けることで、食事も快適となり重度化を予防することにもつながっていく。

3．老人保健施設とリハビリテーション

老人保健施設は在宅までの中間施設？

介護保険サービスにおける三大介護施設として、「特別養護老人ホーム」「介護療養病床」「老人保健施設」が挙げられる。特に、「老人保健施設」は在宅介護と密接に関わる介護施設である。総合病院などの急性期病院から「地域包括ケア病棟」もしくは「老人保健施設」に転院・入居して、在宅介護のプロセスを踏んでいく。「老人保健施設」は在宅介護に移行するための中間施設といえる。なお、費用面では特別養護老人ホームとほぼ変わらない。

リハビリテーションが継続され、主に理学療法士や作業療法士などにより在宅に戻るためのプログラムが練られる。概ね三〜六か月の入居期間となっている。ここでの家族との調整や説明、要介護高齢者の心理的な不安解消なども在宅に向けた支援として重要である。

しかし、実態としては、社会保障審議会介護給付費分科会　介護報酬改定検証・研究委員会「介護老人保健施設の在宅復帰支援に関する調査研究事業（速報版）」（二〇一四年一〇月一六日）によれば、老人保健施設全体において「退所見込み一八・三％」「退所見込みがない五九・六％」「どちらともいえない一八・八％」というデータが公表されている。

在宅生活への復帰は厳しい

つまり、一部の老人保健施設を除いて、一定の入居者は在宅に戻ることが難しく、六か月以上入居しているケースも多いということになる。独居高齢者や老夫婦世帯などは、いくらリハビリに励んでも重度の要介護状態では、在宅介護には移行できない。家族が在宅介護に踏み切れず、高齢者本人も老人保健施設入居継続を希望するケースも多い。

そのため、厚労省は老人保健施設に対して在宅復帰を促す方策として、在宅復帰の入居者が増えれば介護報酬上で「加算」するシステムを導入している。「加算」によって施設の収益が多くなれば、施設側が入居者や家族に、より在宅復帰を促すだろうと想定されているのだ。

老人保健施設は終身入居できる施設ではないが、ケースにもよるが一年以上入居していることも珍しくない。そうして、特別養護老人ホームへの入居を待つのである。もしくは他の老人保健施設に移転するなど半年ごとに老人保健施設を渡り歩きながら、特別養護老人ホームへの入居を待つこともある。

もちろん、経済的に余裕のある高齢者は有料老人ホームやサービス付高齢者住宅に入居できる。しかし、在宅復帰が難しいケースの背景には低所得といった経済的な要因が関係している場合が多い。

老人保健施設は在宅への中間施設といった機能が課せられていると同時に、他の介護施設に比べ看護師や医師といった医療スタッフが多く配置されているがゆえに、療養病床までの重度なケースとはいわないまでも、一定の医療的ケアが必要な要介護高齢者の受入れ先としても考えられ、最期までケアする「看取り」の対応まで期待されている。

在宅復帰への有効な社会資源と位置づけられる老人保健施設は、多様なニーズに応える機能が求められているのである。

リハビリテーションの意義

筆者は千葉県袖ケ浦市にある「袖ケ浦さつき台病院」を訪ねた(二〇一五年三月二三日)。急性期病棟も備えながら、リハビリテーションに力点を置いた医療と介護サービスの提供を先駆的に実践している医療機関である。特に、院内に「総合広域リハケアセンター」を設け、入院している患者さんのリハビリはもちろん、退院後に在宅で暮らしている要介護高齢者をも対象にリハビリサービスの提供にも熱心に取り組んでいる。

たとえば、通所型施設「デイケアさくら」(施設において日帰りでリハビリテーションが提供される機関)では、一日約四時間半程度のリハビリプログラムを組み、六か月後には「片足立ち七・五秒から九秒に改善」「握力二〇・七キログラムから二一・四キログラムに改善」といった効果測定をしながら、サービスを提供している。

特に印象的だったのが、リハビリは病院や施設内で行うだけではなく、高齢者が実際に住んでいる場所で行う「訪問リハビリ」も重要だという姿勢だ。それぞれ高齢者の住環境が異なるため、その場に応じたリハビリが必要となる。また、理学療法士や作業療法士などが自宅でリハビリ指導することで、在宅での転倒可能性につながる障害物を取り除いたり、家具の配置を多少替えることで手すりの機能となり、伝え歩行が楽になって自らトイレにも行きやすくなったりするという。

在宅介護を続けるには「介護」などのケアも重要であるが、本人の身体機能を向上させていくリハビリも欠かすことができない。

なお、自宅に手すりを付けたり、段差をなくすなどの住宅改修が必要となれば、その工事費用も介護保険サービスから助成金が受けられる。限度額は二〇万円ではあるが、その場合でも自己負担は一割の二万円となる。つまり、工事費が一〇万円であれば一万円の自己負担で済む。ただし、限度額を超えてしまうと、たとえば、工事費が三〇万円であれば限度額二〇万円の自己負担分二万円と限度額を超えた一〇万円分の合計一二万円が自己負担となる。

住宅改修と福祉用具

もし工事の助成金を受けたい場合には、事前にケアマネジャーなどに相談して市役所の介護保険課に必要書類を提出し承認されなければならない。時々、事前に申請せずに工事終了後に市役所に相談に行くケースがあるが、このような場合には助成金は受けられないので注意しておく必要がある。

また、福祉用具をレンタルする場合にも介護保険サービスを利用することができる。たとえば、手動型の車椅子であれば月約五〇〇〜一〇〇〇円の自己負担(月約五〇〇〇〜一万円の一割負担)、電動型であっても月約二〇〇〇円の自己負担(月約二万円の一割負担)で済む。車椅子などは、簡単にホームセンターで購入できるがメンテナンスなどに費用がかかる一方、レンタルだと自由に取り替えが利くのでよく考えたほうがよい。

介護用レンタルベッド

筆者が福祉用具専門店を訪ね担当者に聞いたところによれば、介護用ベッドをレンタルする場合にも介護保険制度を活用すれば、毎月七〇〇〜一〇〇〇円弱の自己負担で済むということであった。購入すれば二〇万円以上もかかり、メンテナンスや修理費用を負担しなければならない。

ベッドを選ぶ際には、ケアマネジャーなどの専門家と相談しながら、要介護者本人の身体状況を吟味する。たとえば、座位を保ちながら車椅子を利用できるのであれば、ベッド以外での生活も多くなるため、当然、ベッドから車椅子への移乗介助が不可欠となる。本人が柵(サイドレール)を支えにしながら、立ち上がって車椅子に移乗するにはベッドの高さ調整がポイントとなる。

サイドレールは、ベッドから転げ落ちるのを防ぎ、起き上がりの際に支えとしても役立つ。通常、介護保険を活用するなら自己負担は月五〇〜一〇〇円で済む。なお、数年前から柵と柵の隙間に首や胴が挟まるなどの事故が問題となっている。認知症高齢者などは、これらの隙間を注意することができず、怪我をしてしまうのである。ゆえに最近の商品は柵と柵の間を狭くしたり、ベッドと柵の隙間をあけない工夫がなされている。業者によっては在庫関連の事情で古い商品を勧めるケースも少なからずある。ゆえに値段的には変わらないため、古い商品は選ばず、できるだけ機能が充実した新しい商品を選択したほうが良い。

介護報酬のジレンマ

在宅であろうと施設であろうと「介護報酬のジレンマ」が事業所側にはある。基本的に介護報酬は重度の要介護者をケアしたほうが高く設定されている。そのため、より重度の認知症や身体機能の低下を伴う要介護者をケアしたほうが、介護事業所の収入は高くなるのである。

たとえば、要介護度3で利用している要介護高齢者に対して、リハビリや体操を促して心身機能を高める介護に心掛け要介護度1まで改善すると、その介護事業所は収入が減ってしまう。サービスによっては機能を向上させた利用者が多くなれば、多少の「加算」といった介護報酬上の上乗せはあるものの、経営上は利用者が改善しないほうが多くの収入を得ることができる。

つまり、現場の介護士や理学療法士、作業療法士が「元気になってもらう介護」に取り組んでも事業所側のメリットとならないため、モチベーションが上がらないのが実情だ。一部財政的力のある自治体では、介護保険の仕組みではなく自治体独自の財政負担で、改善した高齢者を多くケアした介護事業所には奨励金を助成しているケースもあるが、稀といえる。

介護予防の促進

介護保険制度の枠組みの中で「介護予防」事業が重要な位置づけとなっており、すでに述べた地域包括ケアシステムの大きな柱の一つともなっている。元気高齢者はもちろん、虚弱高齢者も対象に「転倒予防教室」「栄養改善教室」「体操教室」「健康相談」などがメニューとして組まれている。

具体的には通所型サービスと訪問型サービスに分類できるが、イメージとしては虚弱高齢者が、市役所が主体となった介護予防事業に参加し、体操や軽い筋力トレーニングを行うことで身体機能を維持・改善することを目的とした事業だ。また、生活習慣病予防という観点から、健康管理など食生活のアドバイス教室を開催することも同事業の一つに含まれる。

もっとも、介護予防事業は一クール三～六か月程度で、その後は仲間同士で自主的な介護予防サークルなどを立ち上げ、地域で高齢者同士が事業を展開していくことが目指されている。

筆者は介護予防教室の視察のため千葉県木更津市の某公民館に出かけた(二〇一四年四月)。ここでは週一回介護予防事業が開催され、登録は約一〇〇名で毎回五〇名程度が参加しているという。当初は、市の介護予防事業に参加していた高齢者らが、その後自主サークルを立ち上げ、毎回一時間程度体操している。時々、地域包括支援センターの保健師に指導を仰ぐこともあるが、あくまでも住民が主体である。この地区は一九七〇年代からの分譲住宅地で、昨今、老夫婦や独居高齢者が多いという。

表6-1　平均寿命と健康寿命

（歳）

		①平均寿命	②健康寿命	①−②
男　性	2001年	78.07	69.40	8.67
	2010年	79.55	70.42	9.13
女　性	2001年	84.93	72.65	12.28
	2010年	86.30	73.62	12.68

（出所）厚労省厚生科学審議会地域保健健康増進栄養部会・次期国民健康づくり運動プラン策定専門委員会「健康日本21（第2次）の推進に関する参考資料」より作成

健康寿命と平均寿命

男性の「平均寿命」は七九・五五歳、女性八六・三〇歳であるが、日常生活に支障のない「健康寿命」は男性七〇・四二歳、女性七三・六二歳となっている（厚生科学審議会地域保健健康増進栄養部会・次期国民健康づくり運動プラン策定専門委員会「健康日本21（第二次）の推進に関する参考資料」）。

つまり、平均寿命が延びたにしても、健康寿命との差を二〇〇一年と二〇一〇年とで比べると、介護等何らかの支援が必要となる期間が延びている（表6-1）ことが分かる。いくら医療技術が発達することで平均寿命が延びても、健康寿命との差が拡大してしまうと、「生活の質」という視点ではデメリットとなる。「介護」を考える際には、「平均寿命」と「健康寿命」との差をいかに縮小させていくかが大きなポイントである。

「介護予防」は、これらの差を縮小させていくことを目的に考えなければならない。介護予防を促進することによって、将来の介護保険支出の伸びをいくらかでも緩やかにすることも可能かもしれない。

4. 在宅介護と看取り

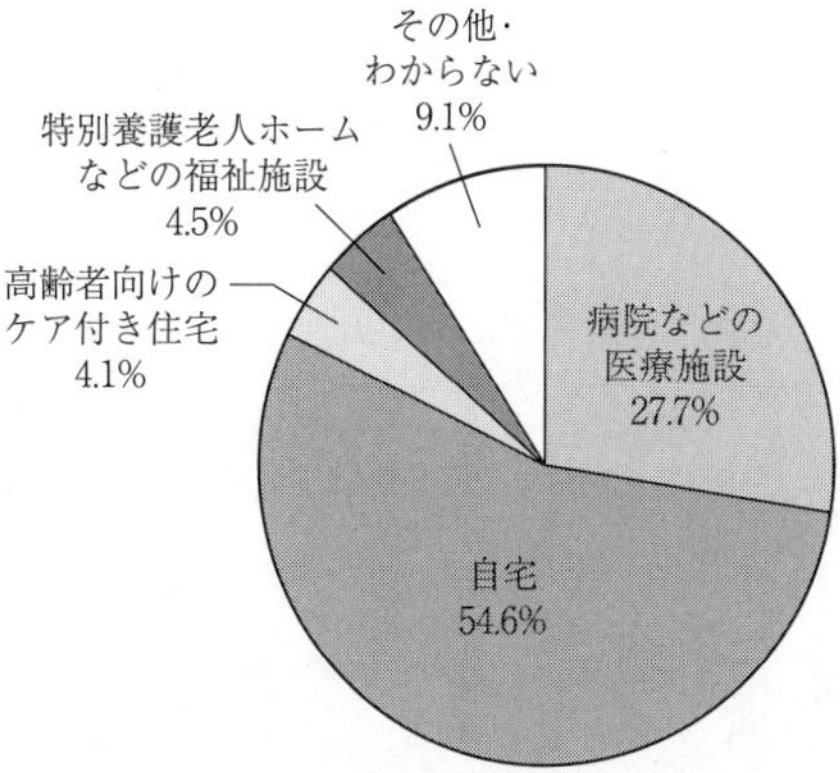

（出所）内閣府「平成24年度高齢者の健康に関する意識調査（概要版）」より作成

図6–1　最期を迎えたい場所（総数1,919人）

人はどこで最期を迎えたいか

人は最期をどこで迎えたいと考えているのだろうか？　内閣府の意識調査では、年齢を問わず「治る見込みがない病気になった場合、どこで最期を迎えたいか」という問いに、半数以上が「自宅」と答えている（図6–1）。この意識調査を論拠の一つにして国は、自宅で亡くなることを理想として、在宅医療・在宅介護の施策を推進している。

ところが、この調査でこのように答えた人々には元気な人が多く、要介護状態となっているとは限らず、寝たきりだったり介護サービスを利用したりしている人を対象に調査しているわけではない。しかも、独り暮らしとなり、誰にも看取られずに亡くなることは想定していないだろう。アンケートに答えている人は、基本的に自分で意思表示がしっかりとできる人が、将来自分が弱ったときのことを想像しながら答えているに過ぎない。

実際には、「家族などに迷惑をかけたくないから「病院」や「施設」で最期を迎えたい」と、真剣に思っている人も多いのではないだろうか。

筆者は、介護現場で働いていた際、多くの人から、「自宅で死ぬとなると、家族に介護の負担をかけるのが心配だ。娘や息子に同居して介護してもらうのは忍びない。もはや、子どもが親の介護をして看取る時代ではない」ということから、自分の財産を介護施設の入居費用に充てて、家族に迷惑をかけずに最期を迎えたいという相談を受けた経験がある。

看取りと介護の連続性

なぜ、看取りの認識が重要かといえば、介護の先に必ず「死」というエピローグがあり、ケースによって多少は異なるものの、医療と介護は連続性の関係にあるからだ。

一九八〇年代から医療技術の進展により、吸引器、胃ろう器具、在宅酸素機器などがコンパクト化され、従来、病院などの医療施設で専門職でなければ処置することができなかったケア

表 6-2　死亡場所の年次別推移

(%)

年次	病院	診療所	介護老人保健施設	老人ホーム	自宅	その他
1995	74.1	3.0	0.2	1.5	18.3	2.9
2000	78.2	2.8	0.5	1.9	13.9	2.8
05	79.8	2.6	0.7	2.1	12.2	2.5
09	78.4	2.4	1.1	3.2	12.4	2.4
10	77.9	2.4	1.3	3.5	12.6	2.3
11	76.2	2.3	1.5	4.0	12.5	3.5
12	76.3	2.3	1.7	4.6	12.8	2.2
13	75.6	2.2	1.9	5.3	12.9	2.2

(出所)厚労省「厚生統計要覧(平成 26 年度)」より作成

が、現在では親族などの素人でも訓練さえすれば充分に対応できるようになった。

つまり、これら医療行為を病院などの医療施設のみでなく、介護施設や在宅など、医療系専門職が常駐していない「空間」でも施すことが可能になったのである。そして、一定の医療的ケアが医療施設以外で施されれば、介護と医療が直線で結びつくことになり、その先の「看取り」という人の最期を介護現場でも考えざるをえなくなった。

筆者は、一九九〇年の大学生時に福祉実習に基づき特別養護老人ホームで介護体験をした。その時代は、介護施設に入所し病気などで体調が悪化すれば、医療施設へ入院することが常識であった。介護施設で看取りまでケアすることは、全国的にも稀であった。

二〇年以上経った現在、介護施設での看取り件数は徐々に増えている(表6-2)。それに対して病院で亡くなるケースが徐々に減少しているのだ。これは政府の医療機関における退院日数の短縮化施策にも大きく関連するが、このような施策が可能となったのも医療技術の進展によることを忘れてはならない。

医療と介護の連携

筆者もかつてケアマネジャーとして、要介護高齢者の主治医との打ち合わせを重視していた。ただし、医師も診療時間があり多忙を極めている。しかも、ケアマネジャーやヘルパーと打ち合わせをしても、直に収入としての見返りはないため、その時間を割くのに消極的な医師も珍しくない。

幸い、筆者が担当していた高齢者の主治医は、地域医療・介護に精通しており、ケアマネジャーとの打ち合わせを重要視していたので、連携には困らなかった。もっとも、筆者が働いていた地域は、地域医師会と自治体が医療・介護連携に積極的に取り組むことを確認し、地域医師会が組織的に「ケアマネタイム」を設けるように会員の医師に働きかけていた。具体的には、週二〜三回は、必ずケアマネジャー等の介護従事者のために診療後に時間を三〇分ほど割くような勧めが医師会からなされていた。

医療と介護の連携となると、どうしても医師個人などの属人的な取組み頼りになりがちで、組織もしくはシステムとしては稼働せず、普遍的な仕組みになりにくい。その点では、市町村

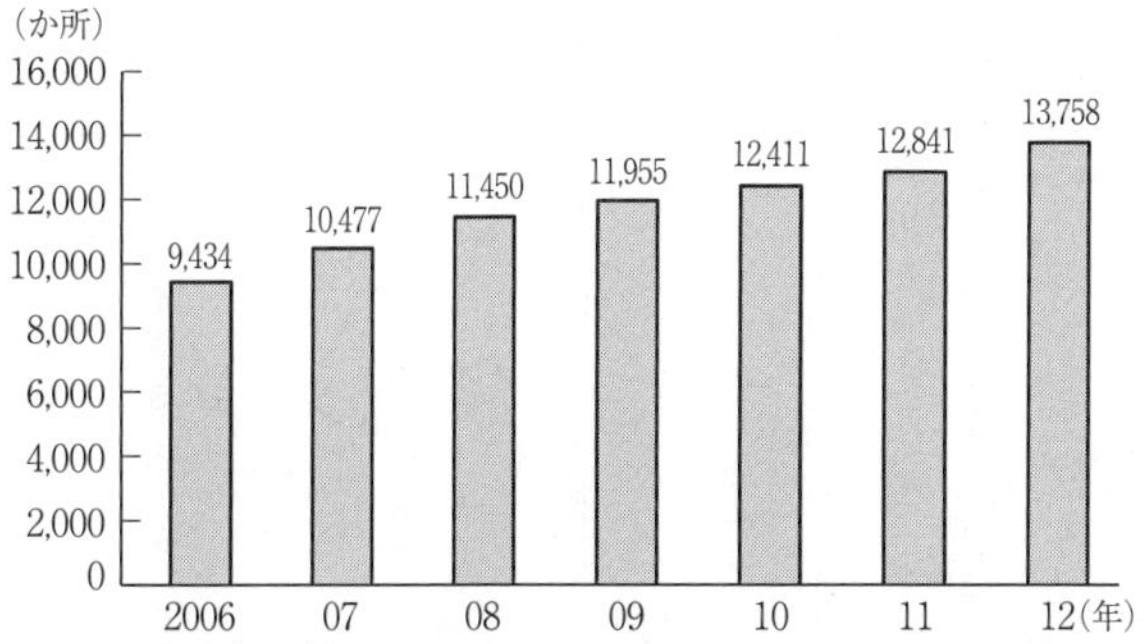

(出所)厚労省「中央社会保険医療協議会総会(第243回)資料——外来医療(その2)」(2013年6月12日)より作成

図6–2　在宅療養支援診療所届出数の推移

と地域医師会との協力などが重要になってくる。

供給不足は否めない

医療と介護の連携において、サービス基盤を整備することは不可欠である。たとえば、在宅療養支援診療所及び訪問看護ステーションといった在宅医療資源を増やしていくことが重要である。たしかに、すでに述べた在宅療養支援診療所は増加傾向にあり(図6–2)、二〇一二年度には「連携強化型在宅支援診療所」を合わせると総計一万三七五八か所の届け出となっている。ただし、そのうち一二年度現在で看取りを行っているのは約半数にすぎない。

訪問看護ステーションも同様であり、看護師などのマンパワーは、「病院系」と「在宅系」に大きく分類した場合、圧倒的に在宅系の看護師が不足している。いくら医療職や介護職の連携システムが構築されたとしても、在宅系の医療サービス自体が整備されていなければ、在宅医療・介護を推し進めることは難しい。

患者や家族の意識

「地域包括ケアシステム」構想では在宅での看取りが推し進められているが、筆者は多くの看取りに携わる関係者に取材した結果、そう簡単なことではないと実感している。特に、患者や家族の心境は複雑で、たとえば、独り暮らしの場合、がん末期等によって体調が悪化してくると、それまでどんなに「自宅で最期を！」と思っていたとしても、だんだん心細くなってくる。モルヒネや鎮痛剤で痛みの緩和医療が施されたとしても、「死」を間際にすると精神的に不安定となり、在宅で「独りで死ぬ」よりは、やはり「病院」で亡くなるほうがいいのではと、気持ちが変わる人も少なくない。

また、家族がいる場合でも、どんなに「献身的に最期まで看取る！」と気構えていたとしても、末期状態になると「本人の唸るような苦しみ」「夜間も眠れないほどの看病」が続くと、もう「無理だ」と、病院へ入院させることもある。在宅で最期を遂げるケースでは、穏やかなケースを除くならば、相当強い意思が本人や家族に不可欠ではないだろうか。

ゆえにいつでも入院できる医療機関を確保することが重要である。これは「かかりつけ医」の力量にもよるが、本人や家族が「在宅では無理」だと思えば、すぐに入院できる体制が整備されていれば、「まずは安心して在宅で闘病生活を送る」ケースも増えてくるだろう。

理想と現実を考える

現状では、一部のケースを除いて、在宅医療もしくは在宅介護は献身的な家族による介護力に支えられている。いわば在宅での介護保険サービスは、あくまでも家族介護が前提となっているケースが多い。

なお、在宅での医療と介護の連携においては、患者の住環境のことも忘れてはならない。状態が重くなり終末期医療となれば、ベッド生活が基本となるため、ある程度の間取りが必要となる。在宅酸素なども必要となるケースでは、狭い住環境だと医療機器などが置けないこともある。最低でも四畳半程度の個室を患者のために用意する必要があり、退院前に患者の住環境整備を家族と考えておく必要がある。

身寄りがいない人の支援

二〇一四年二月二三日、筆者は品川区に事務所を構えるＮＰＯ法人「敬寿」を訪問し、代表者の佐藤和子さんに話を聞いた。独居高齢者や認知症高齢者が急増している中で、身上監護（高齢者などの医療・介護・生活に関する契約事項を代わりに行うこと）・看護や身元引受人などの生活支援ニーズが増しているため、それらを支援する団体を立ち上げたという。本来は家族が支援している部分だが、家族の支援が得られない高齢者は第三者に依頼するのが実態のようだ。

そもそも認知症高齢者などには成年後見制度があるが、それらの支援は財産管理を含む契約事項と、身上監護と言われる部分的な支援に限られる。たとえば、成年後見人は高齢者が入院や施設入所しても、実際に車椅子を押して看護・介護するようなことはなく、直接的な支援はしない。あくまでも契約時の後見人である。しかし、本来、家族であれば身元保証人として契約責任も担い、同時に車椅子を押して入院先まで同行するのが一般的だ。

つまり成年後見人の支援は限定的で、佐藤さんらはその残りの部分を支援しているということになる。また、引っ越しや入院・施設入所の際にも「身元保証人」が必要となり、それらを「敬寿」が担って支援しているという。二四時間体制で何か支援が必要とあればかけつけ、日々の生活で困りごとがあれば介護保険制度では利用できない部分もサポートしている。しかも、高齢者が亡くなられた際には、遺体の引き取り、葬儀及び納骨、喪主代行、相続の手続きなどにも専門家と共に対応している。

基本的には市役所や地域包括支援センターなどの相談機関からの紹介が多いという。そして、支援を依頼する高齢者は「敬寿」と契約し、決まった額を支払うことになる。その契約プランに応じて支援する内容も異なる。佐藤さんによれば、家族がいても人間関係の希薄さから、細かいことは第三者に依頼したほうが気楽だという高齢者も増えているそうだ。

ただ、昨今、悪質な団体として「身元引受人代行します」といった業者も増えており、財産などをだまし取られるケースも見られるので、このような支援を得るには専門家に相談しながら慎重に考えるべきだということであった。

5. 医療と介護の考え方

そもそも介護現場で、無駄な医療的ケアが提供されているのも実態である。たとえば、「胃ろう」などの医療的ケアの一部のケースでは、高齢者本人の「生活の質」が軽視され、介護者の論理でなされてしまうことがある。口から栄養補給がしづらくなり(口から物を食べる)、誤嚥が目立つと介護者も不安となり、感染症や誤嚥性肺炎なども懸念してか、安易に「胃ろう」を勧めるように家族に促す医療者及び介護関係者もいる。

たしかに、どうしても必要なケースも多々あるが、何とか工夫した介護環境を整えることで、「胃ろう」をせずに口から栄養補給していく(経口食)介護を続けることもできる。

また、既述の「平均寿命」と「健康寿命」の差が拡がっている背景には、医療技術の進歩によって人の「命」は延命できるが、介護システムまでは追随できていない問題が垣間見られる。

技術は進歩し続けるものの介護システムの進展との差が拡がれば、それだけ介護問題は深刻化するであろう。

どの時点、どの症状で人の「命」は臨終と考えるべきかを、人の「生活の質」を踏まえながら社会は考えていくべきである。医療技術が進歩すればするほど、人間の命の終末時期を家族や医療関係者といった人間が操作できてしまうことになる。

家族や本人の文書などの意思表示があれば、過度な延命治療をすることのないよう医師に伝え、その人の人生はその時点で終わる。誰も意思表示をしなければ医師は延命することが職責であるため、命長らえ介護生活も続く。現在、最期のあり方について、生前から家族会議などを通して、自分の意思を明確にしていくことが求められている。

第７章
介護士不足の問題

1．介護士不足は深刻

施設は完成しても

筆者はある特別養護老人ホーム（特養）を訪ね、施設長である中嶋敏夫さん（仮名）から介護士不足の実情を聞いた（二〇一四年八月三一日）。この施設は二〇一四年二月に入所五〇名、ショートステイ一四名の計六四名の要介護高齢者を受け入れる施設として開設した。

しかし、オープンして半年が経つにもかかわらず、法令に見合った介護士が集まらず、未だにショートステイ（短期入所）部分の事業が開所できないという。基本的に要介護者三・〇人に対して一人以上の介護士もしくは看護師の配置が義務付けられているが、一般的には介護士の負担を考慮して、二・五人に一人の介護士もしくは看護師、あるいは二・〇人に対して一人の介護士もしくは看護師と法令よりも手厚い人員配置を行っている施設が多い。

近隣ケアマネジャーから「親の介護負担が重く、家族が休みたいのでいつ事業が開始されるのか？」と、多くの問い合わせがあり、在宅介護を前提としたショートステイへの期待が高いのに非常に残念だ、と中嶋さんは話す。

表7-1　介護分野の有効求人倍率と失業率の推移

	2010年5月	2011年5月	2012年5月	2013年5月	2014年7月
介護分野の有効求人倍率	1.08倍	1.33倍	1.54倍	1.58倍	2.19倍
失　業　率	5.1%	4.6%	4.5%	3.9%	3.8%

(出所)厚労省「第2回社会保障審議会福祉部会福祉人材確保専門委員会資料2」(2014年11月18日)より作成

実際、新聞折り込みチラシの求人欄に頻繁に募集広告を出しているが、電話での問い合わせは、月五〜六件しかない。その中で施設に話を聞きに来る人は一〜二人いるものの、五〇歳前後の男性もおり「介護」の仕事を理解しておらず、ただ給与面に関心を抱き、詳しく業務内容を説明すると難しいと感じて採用には結びつかないという。

中嶋さんも「いくら人材不足とはいえ、人の命を預かる仕事なので、誰でもいいというわけにはいかない。夜勤もあり、また一定のスキルを身につけている必要があり、人は選ばなければいけない」と話す。

介護は雇用の調整弁か？

厚労省職業安定局『一般職業紹介状況(平成二六年一一月分)について』によれば、有効求人倍率は一・一二倍である。二〇〇九年同月の〇・四五倍であった大不況時から比べれば、この五年間で一般的な雇用情勢には改善の兆しがみられる。それに対し、介護分野の有効求人倍率は深刻であり、慢性的な人材不足が持続している(表7−1)。

大不況時前の二〇〇〇年代初頭にかけても、ＩＴバブルによる日本経済が好景気に沸いた時も、失業率は低い値で推移していたが、介護分野の有効求人倍率は二倍を超えていた。景気が良くなると介護から人材が他の業界に移転し、逆に不況時には介護に従事する人が増えるといった労働移転が生じる。

つまり、介護現場の賃金水準や労働環境が良好とはいえないため、好景気が訪れて、他の分野で公募が増えると、介護分野の離職率が増えることになる。介護職は皮肉にも「雇用の調整弁」としての機能を果たしているのである。ただし、不況時といえども介護分野の有効求人倍率が一・〇倍を下回ったことは未だかつてない。

潜在介護士の存在

今後の高齢化の進展を考えると、現行の介護人材をさらに約一〇〇万人増やしていく必要があるとの推計もあるが（表7―2）、直近の厚労省による推計では、このまま何らかの打開策を講じなければ二〇二五年に約三八万人もの介護士が足りなくなるとも言われている。

なお、国家資格である介護福祉士有資格者のうち実際の介護現場で従事しているのは約六〇％にすぎない（表7―3）。さらに基礎的資格である「介護職員初任者研修（旧ヘルパー2級資格者など）」修了者約三八〇万人のうち、実際に現場で従事している介護士は約三〇万人にすぎないのだ。

つまり、日本の労働市場において「介護士」は魅力ある職として認識されていないのである。子育てや何らかの理由で有資格者が介護現場で働いていないことを考慮しても、介護以外の職を選択している介護士有資格者は多く、慢性的な介護人材不足の背景の複雑さが垣間見える。

なお、施設系と在宅系に分けて介護人材を考えた場合、後者の人手不足はより深刻化している。読者の中にも要介護高齢者の介護に携わっている方がいると思うが、身近にいる在宅系介護士(ヘルパー)の年齢層を思い描いてみれば明白であろう。統計的にも在宅系介護士の三割以上が六〇歳以上となっており、五〇歳以上が約六割を占める(図7―1)。つまり、後継者問題が深刻なことが窺えるのだ。

表7-2　2025年に必要とされる介護職員予測

	介護職員数
2012年	149万人
2025年	237〜249万人

(出所)厚労省「第2回社会保障審議会福祉部会福祉人材確保専門委員会資料2」(2014年11月18日)より作成

表7-3　介護福祉士の実態　(2012年度)

介護福祉士有資格者	1,085,994人
介護保険事業に従事	634,175人
従事者率	58.4%

(出所)表7-2に同じ

2．介護士という資格

介護職員初任者研修から介護福祉士まで

そもそも介護士の資格とは、どのようなキャ

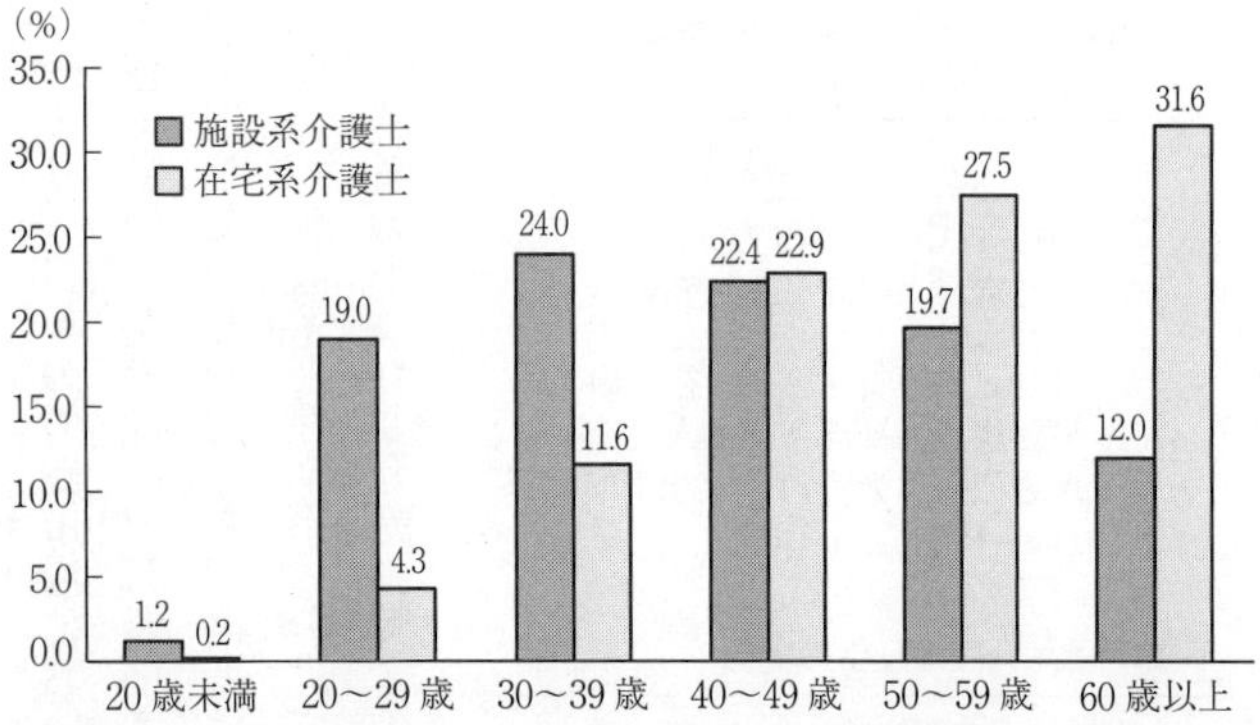

＊調査において無回答のものがあるため，合計しても 100% とはならない．
(出所)厚労省「第 2 回社会保障審議会福祉部会福祉人材確保専門委員会資料 2」(2014 年 11 月 18 日)より作成

図 7-1　在宅系と施設系介護士における年齢構成比較

リアパスになっているのだろうか。

基礎的な資格として「介護職員初任者研修」という講習を受けることで、介護士の初めの一歩となる資格が取得できる。かつては、ヘルパー2級資格とも言われた。この資格は在宅系であれ施設系であれ、介護の仕事に従事するのであれば、まずは取得すべき資格である。通常、二〜三か月ぐらいの期間で受講が終了し、費用は五万〜一五万円が相場となっている。なぜ受講料に幅があるかというと、自治体などの補助金が活用されているか否かで違っているからである。たとえば、インターネットなどで「ヘルパー講習会」と検索すると、多くの会社で資格講習会を催しているが、詳しく見ると自治体主催の講習会もある。

さらに専門性が要求される「介護福祉士」とい

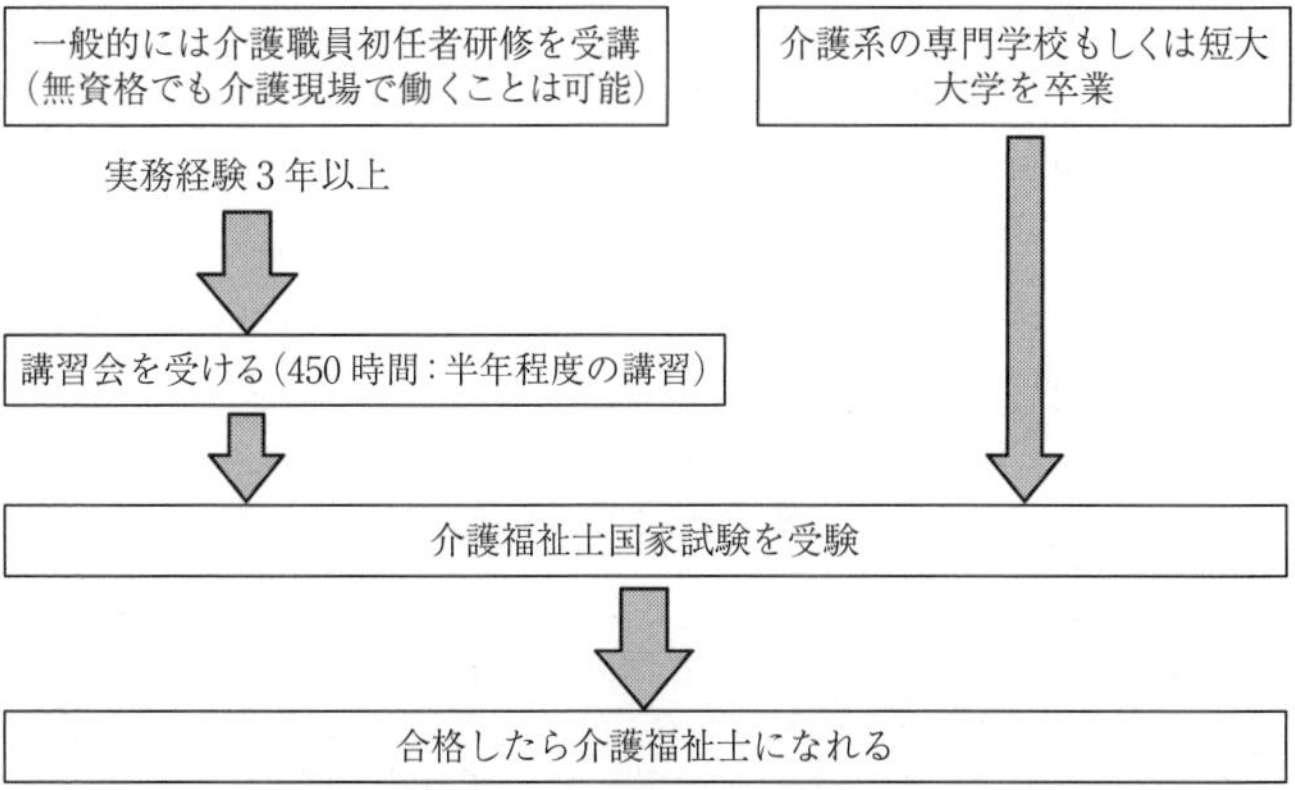

（出所）厚労省の資料を基に筆者が作成

図 7-2　介護福祉士の取得方法

う国家資格がある。これは介護士資格の中ではもっとも上級のもので、介護関係の専門学校や短大を卒業する、もしくは介護業務に三年以上勤務し、既定の講習を受ければ介護福祉士国家試験の受験資格が得られ、試験に合格すれば取得できる。

以前は、実務経験三年以上のみで受験資格が得られたのだが、二〇一六年度の受験者から実務経験後、半年程度の講習を受けなければならなくなった。また、かつては専門学校や短大を卒業すれば同時に資格が得られたのだが、同じく一六年度卒業予定学生からは国家試験を受験し合格しないと資格が得られなくなった（図7-2）。なぜならば介護福祉士資格の質の向上が目指され、併せて医療的ケアの一部も担えるようになったからだ。

なお、一般的に「介護職員初任者研修修了者

(旧ヘルパー2級資格など)」「介護職員基礎研修修了者」「介護福祉士(国家資格)」といったような緩やかなキャリアパスになっている(図7−3)。そのうち「介護職員基礎研修修了者」とは、「介護職員初任者研修修了者」がさらに講習を受けて得られる資格であるが、このプロセスを踏まずに実務経験などをクリアして介護福祉士国家試験の受験資格を取得する介護士も多い。

しかし、これらの資格の定義や社会的評価が曖昧な側面は否めない。なぜなら利用者や家族らには「介護士」の資格制度について詳しく認識されておらず、すべて同じ「介護士」と理解している人も多いからだ。在宅介護現場では、アルバイト形態(登録型)で「介護職員初任者研修」を修了した資格のみで働き続ける人も少なくない。

上級資格を取得してもさほど給与面でのアップが見込めず、特に在宅ヘルパーの多くが非常勤職員であるため、無理して介護福祉士を取得しない。実際、資格を取得しても一〇〇〜一五〇円程度しか時給がアップしないようだ。もっとも、施設であれば介護福祉士を取得すれば資格手当として月給が一万円アップするのが一般的なのだが。いずれ

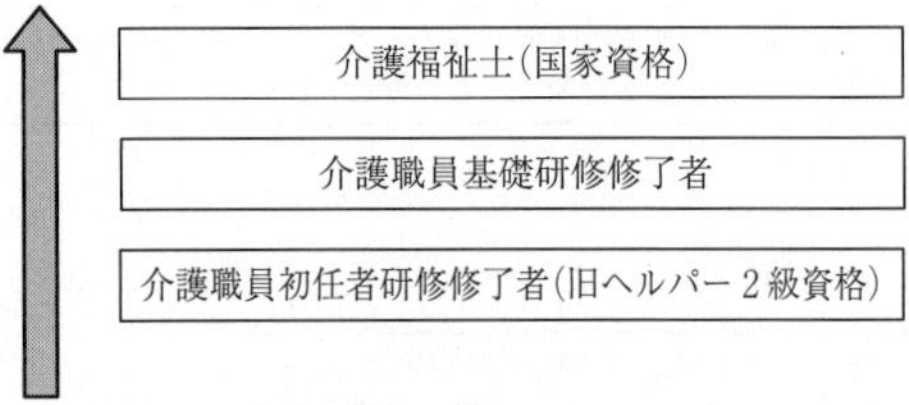

(出所)厚労省の資料を基に筆者が作成

図7−3　介護士のキャリアアップ

にしても講習を受けて国家試験を経る負担を考えると、介護福祉士への途を躊躇する人も少なくない。

無資格でも施設では働ける

なお、法令上は施設の介護現場では無資格で働くことも可能である。既述のように三年以上の実務経験があれば、一定の講習後に介護福祉士の受験資格を得ることができるため、しばらく無資格のまま働き続ける施設系介護士も多い。高校を卒業した若者が無資格で施設で働き続け、実務経験を経て資格取得するケースもある。ただし、在宅介護現場においては「介護職員初任者研修」の有資格者でないと現場では働けない。在宅では一人で専門的な判断が迫られることもあり、有資格者が条件となっているのだ。

つまり、必ずしも介護士は、資格がなければ介護の仕事に従事できない「業務独占」的な資格ではなく、「名称独占」としての側面が強い。看護師や薬剤師は資格がなければ業務ができないのに対して大きな違いがある。これらが介護資格の社会的評価を高めていない要因でもあろう。

3．介護士養成の難しさ

魅力のある福祉系学部卒業生

筆者は、社会福祉系大学で研究活動と併せて福祉人材の養成・育成に従事している。特に、毎年、一五名前後のゼミ生を卒業させている。これら多くの学生は社会福祉士国家資格及び「介護職員初任者研修」の資格を得て卒業していく。しかし、すべての学生が福祉分野に就職するわけではなく、これらの資格を得ても一般企業の会社員など福祉・介護分野以外に就職する学生も少なくない。

かつては一般企業が求める文系出身学部は法学部・経済学部が大半で、福祉系学部はほぼ想定外とされていたが、超高齢社会に突入した現在、企業側の人事戦略も変容してきている。大不況時には一般企業の新卒求人数は限られるが、そうはいっても一般企業の人事担当者に話を聞くと、昨今、福祉系大学の学生に魅力を感じるという。法学部、経済学部、商学部といった学生を採用することが多々あるが、福祉系学生の「人間力」は企業としても魅力だというのだ。実際、企業で営業や事務職業務においても、人間関係の構築、コミュニケーション能力が問われる。その点、福祉系学生は期待できるというのである。また、超高齢社会に突入している現在、高齢者が需要者(顧客)となるケースが大半で、福祉の視点なくしては企業も事業展開できないそうだ。

しかし、そうなると福祉系学部ですら、介護分野の途に進む学生が目減りしていってしまう。毎年、就職活動をする四年生の一部から「一般企業と福祉分野を初任給で比較すると二万円程度の差がある。しかも、一般企業ならば一定程度業績を上げればさらに給与も上がる。いっぽう福祉系分野の採用は中途採用枠も多いため、一度のチャンスである一般企業に就職して社会経験を積んでから、その後に福祉・介護の仕事を考えても遅くない」との声を聞く。特に、福祉マンパワーに相応しい学生がこのように考える。もちろん「自分は福祉の途を歩むために大学に来たのであって、多少、給与面では劣るとはいえ福祉分野の「やりがい」「使命感」を大切にしたい」という学生も多いが、一般企業に就職する福祉系学生の存在は看過できないのではないだろうか。

将来を見据えて

筆者は、もし、給与面や待遇面で一般企業と同水準になれば、福祉系学部出身者の大半が、福祉・介護分野に就職するだろうと肌で感じている。

しかしながら、介護現場実習を終えた学生の一部に「実習では高齢者に勇気づけられ、福祉の魅力を非常に再確認させられた。しかし、同時に実習先の職員に話を聞き、将来的

表 7-4　介護福祉士養成施設の定員充足状況の推移

	2006 年	2008 年	2010 年	2012 年	2013 年
学校数	405 校	434 校	396 校	377 校	378 校
定員数	26,855人	25,407人	20,842人	19,157人	18,861人
定員充足率	71.8%	45.8%	75.7%	66.5%	69.4%
離職者訓練等を活用した入学者を除いた充足	—	—	56.6%	51.7%	54.0%

(出所)厚労省「第 2 回社会保障審議会福祉部会福祉人材確保専門委員会資料 2」(2014 年 11 月 18 日)より作成

な展望や昇給面の現実を垣間見ることで、自分が三〇歳を過ぎて、結婚・子育てを考えると不安だ」と考え始め、福祉系の就職を躊躇する学生もいる。特に、男子学生は二〇年後の自分を意識するようになり、将来の人生設計を考えると一般企業も視野に考え始める学生が少なくない。

たしかに、福祉・介護分野の仕事を給与面では測ることはできないとの認識は学生にもある。かといって二〇年後の人生設計を無視して理想だけで就職先を選ぶことはできない。

筆者は、大学の募集業務の一環で高等学校に出向いて福祉業界について、高校生やその教員を対象に説明会も行うが、「介護分野」に対するイメージは一般に消極的だ。その重要性は認識されているが、将来性を疑問視する高校教員も少なくない。その裏付けとして「介護福祉士養成施設校(専門学校・短大・大学)の定員充足率」の状況をみれば明らかだ(表7-4)。

これらの養成校の一部では、学生が集まらず定員数を減らしているところもある。たとえば、定員八〇名であったが定員不足が続き、やむなく四〇名に削減しているケースも珍しくない。

これに対して、厚労省も「介護福祉士等修学資金貸付制度」を創設している。これは介護福祉士養成施設校に進学した学生に対して、在学中の学費（ひと月当たり最大五万円）、入学準備金及び就職準備金（各二〇万円）等を奨学金として貸与し、五年間介護業務に従事すれば返還免除となる制度である（表7−5）。それでも、定員充足率の状況は厳しい。

表 7-5　介護福祉士等修学資金貸付制度（上限額）

費　目	金　額
学　費	5 万円（月額）
入学準備金	20 万円
就職準備金	20 万円
生活費加算*	4 万 2000 円（月額）（東京 23 区）
実務者研修の場合は一人当たり総額	20 万円

＊生活保護受給世帯等の子どもに限る
（出所）厚労省「第 2 回社会保障審議会福祉部会福祉人材確保専門委員会資料 2」（2014 年 11 月 18 日）より作成

実際、読者の方の子（大学生）もしくは姪や甥といった身内から、介護分野に就職したいと相談を受けたら、どう応えるだろうか。多くの読者は、たいへん重要な仕事だが賃金に見合った労働環境ではないと反応するのではないだろうか。

厚労省も介護士給与を補助する目的で二〇一一年度末まで「介護職員処遇改善交付金」といって、介護事業者に対して介護職員（正規職員一人当たり）に対して月額平均一・五万円を交付する施策を実施した。そして現在、これらの制度を踏襲して介護報酬に上乗せさせる仕組みで、介護士賃金を引き上げる施策が継続されている。しかし、これらの効果は限定的で、平均的な一般企業の労働者賃金との格差は埋まっていない。賃金面での早急な対策が必要である。

失業した求職者の活用

また、二〇〇九年四月から厚労省は求職者（離職者や失業者）を人材不足である介護分野に労働移転する目的で、介護福祉士の資格取得を目指した二年間の職業訓練事業を実施している。この事業に応募した求職者は、ハローワークを通じて教材費等や訓練受講料が無料となり介護福祉士養成施設校に通うことができる。介護福祉士養成施設校の学生の一～二割は、このようなハローワークを通じた求職者である。

たしかに、何らかの理由で失業した求職者に対して公費を用いて、介護資格を取得させ、介護人材不足対策の一環として労働移転させていく施策に意味がないわけではない。しかし、実際の介護福祉士養成施設校の教員に聞くと、真面目に介護の途に再就職を考えている求職者もいるが、単に資格を取得するだけで介護分野に就職するかは未知数な求職者も珍しくないという。ただ、養成校としても定員割れが生じており、とりあえず一生懸命養成して一人でも多くの求職者を介護分野の就職へと促していくものの、実情では学校経営上の観点から希望者（受講希望者）はすべて受け入れているという。

実際に卒業した求職者を受け入れた介護施設の人事担当者に聞いてみると、養成施設校を卒業した求職者も熱心に仕事に就き再就職につながっている求職者がいる反面、とりあえず就職したものの一か月後には退職してしまう人も珍しくないという。

厚労省「職業安定分科会雇用保険部会（第九〇回）――求職者支援制度の状況等について」（二〇一三年七月三〇日）によれば、介護福祉士資格を取得できる事業を受講した求職者は二〇一一年一〇月〜一三年五月の期間で総計約三・四万人であった。しかし、その年齢構成は三九歳以下が約四割で、四〇歳以上が五割以上を占めている。他の医療事務やＩＴ分野資格などを取得できる事業と比べると、介護分野では圧倒的に四〇歳以上の占める割合が大きい。四〇歳以上の求職者でも介護業務に相応しい求職者もいるかもしれないが、やはり介護人材不足を解消するには、若い二〇〜三〇代が中心となった労働移転を考えていくべきであろう。

介護という資格には一定のスキルが必要であり、資格取得後も技術を磨いていく必要がある。やはり、新卒者を中心とした若い世代が介護労働分野に参入していかないと、介護業界の活性化にはつながらない。その意味では、繰り返すが給与面での改善は喫緊の課題であろう。

4. 外国人介護士は切り札か

EPA介護士の養成に携わって

昨今、介護人材不足が深刻化しており、外国人介護士の受入れ議論が活発化している。すでにインドネシア、フィリピン、ベトナムにおいては、EPA（経済連携協定：Economic Partnership Agreement）の枠組みで、少ないながらも外国人介護士の受入れが実施されている（表7-6）。彼（女）らは介護現場で活躍しており、中には介護福祉士国家資格を取得してかなりの原動力となっている者もいる。

筆者は、二〇一三年三月から四回の訪越（ベトナム）を経て、実際のEPA介護士候補者らの育成・養成に携わっている。第一陣の約一二〇名は、一四年八月一五日から日本の介護現場で働きはじめ、第二陣約一五〇名も、現在、日本で研修中であり間もなく介護現場で働くことになり、さらに第三陣も、一六年から、日本で働く予定だ。

このEPAの枠組みによる介護士らは、現場での評価も高く熱心に働いている。筆者は、二〇一四年から日本で働くベトナム人介護士がいる施設を訪ねているが、現場での評価はかなり高い。ただし、三年後の介護福祉士国家試験に合格しないと日本で働き続けることができない

表 7-6　EPA 事業により来日した介護士の人数推移　(人)

	2008年	09年	10年	11年	12年	13年	14年
インドネシア	104	189	77	58	72	108	146
フィリピン	—	190	72	61	73	87	147
ベトナム	—	—	—	—	—	—	117

(出所)厚労省「第 4 回外国人介護人材受入れの在り方に関する検討会資料 3」(2014 年 12 月 18 日)より作成

表 7-7　ベトナムにおける某工業団地の平均賃金　(月給)

高卒(技術職)初任給：ブルーカラー層	約 16,300(円)
大卒(総合職)初任給：ホワイトカラー層	約 31,500
最低賃金	約 12,400

(出所)筆者の取材による(2014 年 3 月 18 日)

ため、日本語教育と介護業務の両立が課題となっている。

ベトナムの労働市場を垣間見て

筆者は、ベトナム北部にある某工業団地を訪ね(二〇一四年三月一八日)、ベトナムの労働状況を視察した。視察した工業団地が実施したアンケート調査によれば、ホワイトカラー層の大卒者初任給は約三・二万円で、ブルーカラー層である高卒初任給は約一・六万円であった(表7−7)。この近辺の工業団地は、ベトナム国内では賃金水準も高く、企業ごとに差はあるものの、公募すると多くの応募者が来るという。一般的にベトナム国内の最低賃金は地域によって異なるが、高い水準でも一・二万円強である。

仮に、ベトナム人が介護士として日本で働くことになれば、EPA事業では日本人と同一賃金であるため、いくら初任給は低くても毎月一五万〜一七万円前後となる。その中から居住費などの生活費を考慮しても、ベトナムの貨幣価値で考えるなら相当な高収入となる。

厚労省『世界の厚生労働二〇一三』(二〇一三年四月一日)によれば、ベトナムの人口構成は比較的二〇〜三〇代の層が多く、彼らの多くが先進諸外国で働き外貨を稼いで仕送りすることで、ベトナム国内の内需にも寄与している。

ベトナムの労働市場と庶民の経済事情を分析すれば、自ずと日本で一生懸命働く外国人介護士らの熱心さは理解できる。彼(女)らは、自国の家族の生活も担っており、将来の夢ともいうべき人生をかけて日本で働いている者が多い。

このほか、日本で働く外国人介護士の中には、EPA事業の枠組み以外に、在日外国人として働く介護士もいる。結婚によって日本へ来日したフィリピン人や、または離婚して母子家庭を支えるため働く介護士も多い。

在日フィリピン人介護士

数年前から介護人材不足対策として在日外国人の介護士雇用を試みている都内の某特養を訪ねた(二〇一二年八月三日)。ある在日フィリピン人介護士は旧ヘルパー2級有資格者で、この介護施設で働いて四年目となる。日本語も流暢で夜勤業務もこなしている。日本人男性と結婚したが間もなく離婚。シングルマザーとして小学生の子どもを育てているという。定住権があるため他の仕事も選択できるが、フィリピンにいた時から医療・介護関係の仕事に関心があり、日本で働くことになったので介護士の仕事を選んだそうだ。他の在日フィリピン人は、事務職やウエイターなどの仕事に就いている者もいるという。なお、この施設は日本人スタッフが丁寧に教えてくれるので働きやすく、このまま働き続けたいということであった。

筆者は、外国人介護士を受け入れること自体を否定するつもりはない。しかし、安易に労働力不足を補う視点のみで外国人介護士を受け入れてしまえば、「介護は外国人の仕事である」といった意識を日本人に根付かせてしまい、結果的にはさらなる日本人の介護士不足を加速させてしまうと考える。

今後、介護士を一〇〇万人増やしていく必要性があるが、多く見積もってもそのうち三～五％を外国人の協力を得るとすると、一〇年間で三万～五万人の外国人介護士を受け入れることになり、毎年三〇〇〇～五〇〇〇人の外国人介護士候補者を育成・養成しなければならないことになる。その際、質を担保しながら、どう受け入れていくかが大きな課題となる。

5. 介護人材不足に秘策はあるのか？

では、賃金水準改善以外に介護人材不足の秘策はあるのだろうか？　この節では、元気な六五歳以上高齢者で介護人材不足を補う試みと、離職率が低い職場環境について考えてみよう。

六〇歳過ぎてヘルパー資格を取得

筆者が、船橋市内の訪問介護事業所を訪ねた時のことを思い出す（二〇一二年一一月一三日）。この介護事業所では七〇歳代のヘルパー一二人、六〇歳代ヘルパー五人が非常勤（登録型）ヘルパーとして働いていた。しかも、旧ヘルパー2級資格を取得したのが六〇歳を過ぎてからというのである。

最年長七六歳の女性ヘルパー鈴木トミさん（仮名）は、六三歳でヘルパーの仕事を始めて一〇年以上続けていた。八七歳の独居高齢者宅に週一回訪問して、掃除、買い物、オムツ交換の介助を一時間程度行っているという。鈴木さんは親の介護経験が長かったこともあって看取った後に、経験を活かしてヘルパーの仕事に就いたそうだ。しかし、ベッドから車椅子への移動介助や入浴介助といった身体介護は体力的にも難しいことから、限られた介護業務に専念している。

取材した当時、担当ケースが一人なので収入は月一万円程度しかない。しかし、七五歳を過ぎて収入が得られること自体が幸せと感じ、しかも仕事を続けることで鈴木さん自身の生活全体に緊張感が生じ、自身の介護予防にも極めて有効だということだった。

若いヘルパーには負けない技術

たしかに、六五歳を過ぎたヘルパーは二〇〜四〇代のヘルパーと比べて体力的には限界がある。しかし、人生経験といった側面でカバーできる。たとえば、在宅ヘルパーの仕事としては、オムツ交換や車椅子への移動介助といった他に、食事作りや家族対応、高齢者の話し相手などといった業務を軽んじてはならない。特に、認知症高齢者と戦争体験や昭和時代の芸能話などの会話ができることも介護の一部として重要である。話を合わせることができると、自然と信頼関係を構築でき、介護業務もスムーズに運ぶ。このような技術面は、多くの若いヘルパーには弱い部分である。

また、要介護高齢者の中には、掃除や洗濯、介助方法などに細かい注文をつける人も少なくなく、ヘルパーが苦情(愚痴)を聞き流すぐらいの精神的なゆとりがないと在宅介護を続けることは難しいこともある。若いヘルパーは高齢者の「小言」を直に受けとめてしまい、感情的となって仕事を続けることができなくなることもある。

経営者のマネジメント

この訪問介護事業所の経営者は、今後も積極的に高齢者ヘルパーを採用するという。それにあたっては、以下のような条件を採用時に考えているそうだ。①人と接することが好きな人物、②週三日程度働くなど生計の中心として考えていない人物、③主婦経験があり料理や掃除などを苦としない人物、④本格的な身体介護の業務は避けてもらうこと、⑤健康であること。

時々、男性高齢者も応募に来るが、在宅の要介護高齢者の多くは女性であるため男性ヘルパーの活躍の場は極めて少ないので断っているという。要介護高齢者の多くは、年配の男性に家事や身体介護をしてもらうことに抵抗感がある。もっとも、若い男性ヘルパーに関しては問題ないという。

つまり、主婦業に精通した六〇歳過ぎの女性であれば、充分に介護人材として期待できる。今後、在宅介護士不足が深刻化していくため、高齢者ヘルパーは大きな切り札になるかもしれない。しかし、このような人材を活用していくには、やはり経営者のマネジメントが充分に機能していなければならない。

男性の高齢者介護士

もっとも、施設系介護現場では六五歳を過ぎた男性高齢者でも介護士として充分に戦力となる。

富永誠二さん(六八歳、仮名)は、二〇一四年四月に福祉系学校を卒業してデイサービス(通所施設)で非常勤の介護士として働いている。筆者がインタビューした二〇一五年一月七日、富永さんは「今年で六九歳になるが、七〇歳までは介護士として頑張りたい」と言っており、介護業務への情熱が伝わってきた。

富永さんは一八歳から五八歳の勧奨退職までの四〇年間、会社員として介護業界以外で働き続けてきた。五〇代半ばに妻が重い病に倒れ介護に追われることになり六〇歳の定年を前にして退職。そして、六二歳で妻を看取った。その後、妻の介護生活を振り返り、介護・福祉を深めるために本格的に学ぼうと福祉系学校に通い、「介護職員初任者研修修了者(旧ヘルパー２級資格など)」の資格を取得し、非常勤職員として週三日、一日おきに朝九時から夕方五時まで働いている。

若い時からジョギングが趣味で市民マラソン大会にも参加している富永さんだが、介護の仕事に就いて腰痛防止のために、休みの日には必ず走っているという。介護の仕事を六五歳過ぎてからできることは幸せであり、自分の健康維持のためにも大変良いという。トイレ介助やおむつ交換など体力面では負担があるが、歌や会話など時代を共有した高齢者同士の関係は、介護現場では意義深いと、富永さんは話す。

このように高齢者介護士が働き続けられるためには、周りの若い現役世代の介護士ら(仲間)の理解や協力は欠かせない。やはり、体力的には限界があり、若い同僚に助けてもらって続けられる仕事であり、職場の人間関係が良好でないと難しいというのだ。しかも、あくまでも非常勤職員で務まるのであって正社員では心身共に難しく、夜勤業務は不可能だと話す。

富永さんや既述の高齢者ヘルパーらの話を聞く限り、介護人材不足を元気な六五歳過ぎの介護士で補うことは期待できるものの、あくまでも補完的な人員として考えていく必要がある。

離職率が低い事業所の共通項

これまで筆者が離職率の極めて低い数か所の在宅系介護事業所及び施設系事業所を訪ねてみて、魅力ある介護職場とは以下のように分析できると思い立った。

①人間関係が良好な職場、②比較的大規模な事業所で人事異動があり人間関係の風通しが良い、③ルーチン的な介護ではなく、介護士自らが利用者と直に関わり思いのままの介護ができる、④給与面は高くはないが人員配置が厚く有給休暇及び希望通りに休暇が取れる職場、⑤研修や上級資格の講習など業務として考慮され費用も事業所が負担してくれる職場、以上の五点が挙げられる。

特に、③のルーチン的介護業務は特養などの大規模施設で見られがちだが、以前、ある介護士から「給与面では不満はなかったが、利用者とも充分に話すことができず時間に追われながらオムツ交換、夜勤の見回り、入浴介助、食事介助といったように機械的に働く自分に介護士としての「やりがい」を感じられなくなった」との話を聞いたことがある。その介護士は「給与は三割減になったが、グループホームという小規模な施設に転職し、利用者と会話を深めながら本人のニーズにあった介護ができる職場にやりがいを見出した」という。

「介護」という仕事は、すべてが給与面では測れないのは当然のことであり、日々の業務において「達成感」「やりがい」などが感じられる職場は、かなり離職率が低く介護人材不足も深刻化していない。

賃金格差

しかし、このような離職率の低い介護職場が介護業界全体の抜本的な介護人材不足の秘策になるとは限らない。もちろん、このような職場を増やしていくことは重要な視点ではあるが、根本的な解決策にはならないのだ。やはり、新卒者を中心に介護業界に就職する、もしくは他産業から介護分野に転職する人材を大幅に増やしていかないと介護人材不足の打開策につながらない。その意味では、魅力ある介護分野の雇用環境づくりと併せて、大幅な賃金水準の改善は絶対条件である。

慢性的に介護士不足が深刻化している昨今、介護現場では現状のサービス維持すら危ぶまれ、

表7–8　毎月の給与比較(万円)

	毎月の給与
産業計	32.4
ホームヘルパー	21.8
施設介護職員	21.9

(出所)厚労省「第2回社会保障審議会福祉部会福祉人材確保専門委員会資料2」(2014年11月18日)より作成

表7–9　初任給の給与比較(万円)

	〜19歳	20〜24歳
産業計	16.2	19.2
施設介護職員(男)	15.6	18.0
施設介護職員(女)	15.4	17.6

(出所)表7–8に同じ

要介護者の生活が不安定となっている。特に、繰り返すが介護士不足は喫緊の課題となっており、新設された介護施設では介護士が集まらず開設が大幅に遅れるといった事態も生じている。

平均年収二八〇万〜三〇〇万円といった介護士の賃金では、夜勤業務や生命を預かる仕事にしては低賃金化して人材が集まらない。全産業の賃金水準と比べても介護士の給与はかなりの差がみられる(表7―8及び表7―9)。

また、デイサービスに従事する介護士は、利用者の送迎における運転業務まで兼ねることは珍しくなく、業務の責任を考えると、あまりにも賃金は低い。このことからも抜本的な処遇改善が急がれる。

第８章
介護保険制度が大きく改正された

1. 二度目の大改正

法改正による影響

介護保険制度が二〇〇〇年四月に創設されてから一五年が過ぎ、一五年四月からは二回目となる大改正によって、リニューアルされている。一回目の大改正は制度創設六年が過ぎた〇六年四月に実施されたもので、当時、「介護予防」などの新システムが制度改正の大きな目玉となった。それから八年後の一四年六月一八日に国会で成立した、「地域医療・介護総合確保推進法(地域における医療及び介護の総合的な確保を推進するための関係法律の整備等に関する法律)」によって、現在の介護保険制度は運営されている。

以下では、介護保険制度に精通していない読者にも、できる限りわかりやすく変更点を説明していく。内容が専門的すぎると感じる人もいるだろうが、少し、お付き合いいただきたい。

マイナス改定の余波

既述のように、二〇一五年四月から、三年おきに改定される介護サービスの値段表が見直された。特に、要支援1・2といった軽度者が利用するデイサービス(日帰りで入浴、食事、体操などといったサービスが利用可能)の報酬が、約二〇%もマイナスとなり、介護事業者の経営が厳しくなった。

筆者は、制度移行による利用者への影響を把握するため、在宅介護現場の関係者にヒアリング調査を行った（二〇一五年五月上旬〜下旬にかけて首都圏内の介護関係者にインタビュー取材）。

その結果、要支援1・2といった高齢者は、三月まではデイサービスにおいて入浴も利用できたのだが、四月から入浴サービスを実施しなくなった介護事業所が増えたそうだ。入浴サービスは、もっとも介護の手間のかかる業務となるため、介護報酬が二〇％マイナスとなった分を、非常勤職員の介護スタッフを削減することで穴埋めするねらいがあるという。一部の利用者に入浴サービスを提供しないで済めば、多少は、介護の手間が省けるというわけだ。

しかし、要支援1・2の独居高齢者にとって、デイサービスでの入浴が不可能となると衛生状態の管理が難しくなる。自宅での「入浴」は、環境的に転倒の危険性があり、独りで入浴するのは難しい。しかも、風呂掃除など腰をかがめる作業は、要支援1・2の高齢者にとって負荷がかかりすぎる。

そのため、現場のケアマネジャー（サービスを調整する専門職）は、要支援1・2であっても、入浴サービスを提供している介護事業所を探して調整することにした。慣れ親しんだ高齢者が集うデイサービスを変えることは残念だが、入浴サービスを優先的に考えたという。そのほか、入浴サービスを実施している要介護度1以上に認定されることを期待して、市役所に介護度の再調査を実施してもらう手続きを行ったケースもある。

事業継続の難しさ

言うまでもないが、介護報酬が下がることで、事業所の収入(売上げ)が下がる。そのため、介護サービスの拡充は期待できなくなり、むしろ、店(介護事業)を閉めてしまう事業所も生じてくる。二〇一五年度改定によりサービスの中には約一〇%の減収となり、事業展開が難しくなった介護事業所も少なくない。

改定後、施設長や管理者にマイナス改定の影響について聞いたのだが、一〇〇人規模で入所している特養では年間一二〇〇万円以上の減収、一日三〇人規模のデイサービスでは年間三〇〇万円程度の減収という話であった。

介護保険サービスは、市場経済を一部取り入れているため、多くの介護事業所が事業展開していかないと介護サービスは増えていかない。マイナス改定によって介護事業所が消極的な経営スタイルをとることで、全国的に要介護高齢者が増えているにもかかわらず、それに見合って介護サービスが増えないことになりかねない。

国は、特別養護老人ホームの内部留保(基金)や多くの介護事業所の経営状況が良好であるとの分析から、二〇一五年度のマイナス改定に踏み切った。一方で、介護人材不足に関しては、介護士らにじかに月給ベースで一・二万円の賃金アップを実施するため、介護士の処遇には配慮したとしている。

けれども、内部留保や収益を上げている事業所は一部であり、都市部を中心に多くは「収支状況はゼロ」もしくは「ほんの少しの収益しか上げていない」といった状況である。筆者としては一部の余裕のある事業所には会計検査などで個別対応すべきであったと考える。介護報酬で一律に措置してしまうと、すべての事業所に影響してしまう。

また、月ベースで介護士の賃金を一・二万円程度引き上げても抜本的な解決にはいたらない。全産業の年収ベースと比べても介護士は約一〇〇万円程度賃金が低く、さらに介護報酬等を大幅に引き上げるか公費で賃金補助するなどの改善を図らなければ、慢性的な人材不足は深刻化していくばかりである。

利用者を拒む

デイサービスやヘルパーサービスといった介護事業所の中には、二〇一五年四月から要支援1・2の新規利用者は受けず、要介護度1〜5の高齢者に限定して事業展開する方針を打ち出した事業所もある。かなりのマイナス改定であったため、要支援1・2対象の事業は経営上マイナスになると判断したためだ。それでも、すでに利用している要支援1・2の対象者は、責任もあることから継続して引き受けているという。

あるいは要支援1・2の利用者を拒まないまでも、あるデイサービスでは、土曜日に限定して要支援1・2を受け入れ、他の曜日は拒むといったケースもある。全面的な受入れ拒否は地域からも批判があるため、利用日を限定して効率的に事業展開しているという。

このように要支援1・2の利用者を対象としない介護事業者が増えることは、結果的にサービス抑制につながってしまう。繰り返すが、介護保険制度は部分的に市場経済を導入しているため、供給側のサービス拒否という事態が生じれば、需要側にとってみればサービスカットとなってしまう。いわば、「国」は公定価格を操作することで、結果的に軽度者のサービス抑制を実現できてしまう。

2. 要支援1・2の人はサービス利用が大きく変わる

「総合事業」の誕生

二〇一五年の介護保険法改正実施によって、主に軽度者と言われる要支援1・2の層のサービス体系が大きく変更され、新しく「総合事業」と呼ばれている。ただし、これらには経過措置が設けられており、市町村の判断で一八年三月までに実施すればよいことになっている。

具体的にどのように制度が変わるかというと、これら要支援1・2のサービス体系のうち、

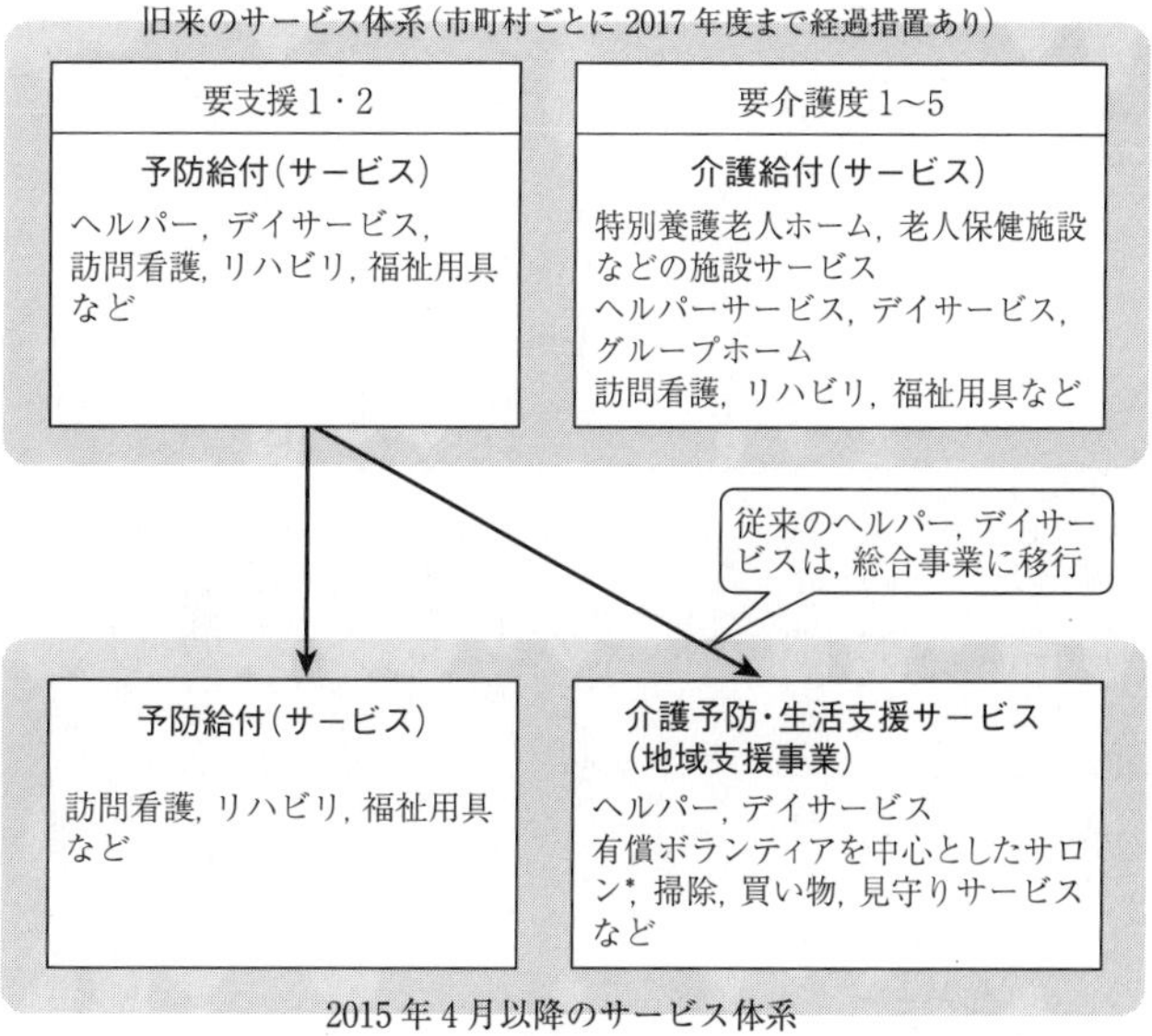

＊サロンとは高齢者が集い喫茶などを楽しむ場の提供

図8−1　要支援1・2を中心としたサービス体系の変更図

訪問介護（ヘルパー）、通所介護（デイサービス）の部分だけが、従来の「予防給付」という形態から「介護予防・生活支援サービス（総合事業）」という制度に移行される。その点、要介護度1〜5のサービス体系は変わらず現状維持となり、要支援1・2における訪問看護、リハビリ、福祉用具（車椅子、杖など）といったサービスも、旧来どおりの仕組みのままである（図8−1）。

「給付」と「事業」の違い

そもそも「予防給付」でいう「給付」と、「介護予防・生活支援サービス（総合事業）」でいわれる「事業」の違いは何であろうか。端的に説明すれば、介護保険制度であっても、予防「給付」は厚労省を中心に国に裁量権があり、「総合事業」となると市町村に権限が委譲されている点だ。要支援1・2でも訪問看護や福祉用具といったサービスは、「予防給付」であるから、同じく国がサービス体系を決めることになる。

また、「給付」の場合は、要介護認定調査を経なければサービスを利用することはできないが、「事業」は専門家による簡単なスクリーニングを受ければ利用可能となる。具体的には基本チェックリストというシート(表8-1)を用いて、地域包括支援センター(公的な高齢者の相談機関)が利用者からヒアリングを行い、仮に虚弱高齢者となれば「介護予防・生活支援サービス(地域支援事業)」というサービスを利用できる。これは要介護認定調査を経るよりも、簡易な手続きで可能である。ただ、高齢者や家族からすれば、改正されていてもサービス量や利用料が変わらなければ、大きな問題とはならない。

なお、二〇一五年介護保険法改正の実施によって、権限が市町村に委譲されたことで、頑張る市町村とそうでない地域とで「地域間格差」が生じる危険性がある。また、今回の財政の枠組みは中長期的には、旧来の仕組みと比べて、新制度によるデイサービスやヘルパーに関する総枠の伸び率が低くなる見通しだ。国(厚労省)の立場にしてみれば、サービス抑制を意味した

表 8-1　基本チェックリスト

フリガナ 本人氏名	様	男 女	明・大・昭　　年　　月　　日生 (満　　歳)

No.	質問項目	回答 (いずれかに○を付けてください)	
1	バスや電車で 1 人で外出していますか	0. はい	1. いいえ
2	日用品の買い物をしていますか	0. はい	1. いいえ
3	預貯金の出し入れをしていますか	0. はい	1. いいえ
4	友人の家を訪ねていますか	0. はい	1. いいえ
5	家族や友人の相談にのっていますか	0. はい	1. いいえ
6	階段を手すりや壁をつたわらずに昇っていますか	0. はい	1. いいえ
7	椅子に座った状態から何もつかまらずに立ち上がっていますか	0. はい	1. いいえ
8	15 分位続けて歩いていますか	0. はい	1. いいえ
9	この 1 年間に転んだことがありますか	1. はい	0. いいえ
10	転倒に対する不安は大きいですか	1. はい	0. いいえ
11	6ヶ月間で 2～3 kg 以上の体重減少がありましたか	1. はい	0. いいえ
12	身長　　cm　　体重　　kg　　(BMI=　　)(注)		
13	半年前に比べて固いものが食べにくくなりましたか	1. はい	0. いいえ
14	お茶や汁物等でむせることがありますか	1. はい	0. いいえ
15	口の渇きが気になりますか	1. はい	0. いいえ
16	週に 1 回以上は外出していますか	0. はい	1. いいえ
17	昨年と比べて外出の回数が減っていますか	1. はい	0. いいえ
18	周りの人から「いつも同じ事を聞く」などの物忘れがあるといわれますか	1. はい	0. いいえ
19	自分で電話番号を調べて，電話をかけることをしていますか	0. はい	1. いいえ
20	今日が何月何日かわからない時がありますか	1. はい	0. いいえ
21	(ここ 2 週間) 毎日の生活に充実感がない	1. はい	0. いいえ
22	(ここ 2 週間) これまで楽しんでやれていたことが楽しめなくなった	1. はい	0. いいえ
23	(ここ 2 週間) 以前は楽にできていたことが今はおっくうに感じられる	1. はい	0. いいえ
24	(ここ 2 週間) 自分が役に立つ人間だと思えない	1. はい	0. いいえ
25	(ここ 2 週間) わけもなく疲れたような感じがする	1. はい	0. いいえ

(注)BMI=体重(kg)÷身長(m)÷身長(m)が 18.5 未満の場合に該当とする

のではなく、旧来のサービス体系の無駄を省くといった意味で、制度改正に踏み切ったということなのかもしれない。

基準が緩和されたサービス

買い物、掃除、洗濯などといった介護は、一部、「生活支援」サービスとも位置付けることができる。もちろん、専門資格を有したヘルパーが健康状態を観察しながら、これらの介護に従事する必要もある。しかし、一部には、単に足腰が悪く転倒の危険性があるため、買い物などの生活支援サービスが必要なケースもある。

そのため、「給付」として専門のヘルパーが携わるサービスではなく、家事に精通した主婦などが主軸となり、介護の専門でない者も生活支援サービスを提供できる事業所を展開させていくほうが効率的であると考えられた。筆者は、二〇一五年四月から総合事業に移行した、某市役所の介護保険課の責任者に話を聞いた(二〇一五年四月二〇日)。

ここの自治体では、二〇一五年三月まで実施していた旧要支援1・2を対象とした訪問介護サービスを、「①従来通りの訪問介護サービス」と、「②基準を緩和した訪問介護サービス」の二種類に分類した。「②基準を緩和した訪問介護サービス」は、①の介護報酬の八割程度に抑え低く設定しているという。しかも、①の訪問介護サービスは、原則、ヘルパーの専門職を有しなければならないが、②の訪問介護サービスは簡単な講習を受けたパートでも従事できる。

要するに、新しく誕生した「総合事業」の仕組みでは、基準が緩和されているため介護報酬を低く設定し、素人の主婦層をヘルパーとして活用できるため効率的な事業が展開できるというわけである。素人ヘルパーを活用することで人件費を時給二〇〇〇円程度削減でき、その結果、介護報酬も八割程度に抑えることができるというのだ。今後、通所型事業(デイサービス)にも、新制度の枠組みを適用していきたいということであった。

無駄なサービス利用

もっとも、「総合事業」に移行したことで、かえってサービスが利用しやすくなり、無駄なサービス利用が生じる危険性もある。筆者は、新しく総合事業が実施された自治体内の地域包括支援センターの職員らに話を聞いた(二〇一五年四月二一日)。

新制度では、新サービスの対象者が虚弱高齢者から要支援2まで、といったように心身の状態像が幅広くなった。また、要介護認定の申請を経ずとも、サービスを利用できてしまう。

旧来、要支援1相当であった高齢者は、訪問介護及び通所介護を、各週一回利用することが国の通知で促されていた。しかし改正後は、要支援1・2といった区分けがなくとも、従来のサービスを利用できるようになったため、旧要支援1相当でも週二回のサービスを利用できることになった。

少ないながらも、高齢者の中には、そもそも家政婦代行的にヘルパーを利用している人もいる。それが、「総合事業」に移行したことで、さらにヘルパーを家政婦のように余分に利用する高齢者が出てくるかもしれない。

なお、総合事業に移行したことで制度が複雑化され、利用者が理解できないとの声も介護事業所に多く寄せられているそうだ。モラルハザードの問題点に気が付く利用者もいれば、新制度がまるで理解できず、介護事業者に問い合わせてくる高齢者もいる。

3.「地域で支える」がキーワード

孤独死の問題

昨今、独居高齢者が介護サービスを活用するケースが多くなっているが、従事しているヘルパーさんに話を聞くと、時々、「孤独死(孤立死)」のケースに遭遇してしまった話をされる。

毎週二日、ヘルパーサービスを提供しているが、約束の時間に訪ね、チャイムを鳴らしても応答がない。昼寝をしているのか、もしくは出かけているのかもしれないと思いつつ、もしかして、部屋の中で倒れているかと、最悪のことを考えてしまうのがヘルパーである。

実際、このような場面を経験したヘルパーの話の多くは、高齢者側による「留守にすることを事前に知らせることを忘れた」という笑い話で終わる。ただ、稀にヘルパーが心配になって大家さんに鍵を開けてもらうと、部屋の中で倒れ高齢者が亡くなっており、第一発見者となる人もいる。

このように、自宅で誰にも看取られずに、数日間その死が発見されない人は年間約三万人にのぼるとも言われている。実際、人が最期を迎える場所としては病院や施設が八割以上を占めるが、このような孤独死(孤立死)となることも今では珍しいことではない。

独居高齢者が増え続ける現状において、地域での見守りシステムが大きな柱となり、二〇一五年改正介護保険法の実施に伴い、「地域づくり」がキーワードともなってきている。具体的には、先の要支援1・2といった介護保険給付の制度改正による「総合事業」の一つに、地域の見守り活動も盛り込むことができるようになった。

見守り活動

筆者は、高齢者の見守り活動で先駆的な試み(孤独死対策など)をしている、福岡市社会福祉協議会の地域支援係の馬男木《まなぎ》幸子《さちこ》さんらに話を聞いた(二〇一五年四月三日)。

馬男木さんらの部署では、地域住民らと見守り活動を実施する際に、何らかのマニュアルがないと普遍化していかないだろうと考え、地域住民が主体となって会合を重ね、数年間、何ができるかを話し合いながら、具体的な方策を生み出していったという。

たとえば、「不在者カード」を作り、独り暮らしの高齢者が数日間出かける際には、自治会長や民生委員にカードを手渡すことで、周りに心配させない地域づくりに、一人ひとり心がけていくというアイデアが生み出された。実際、地域住民が「昼夜灯りがついているか？」「新聞は郵便受けに溜まっていないか？」といった、何気ない見守り活動をする際に、見守られる側も予め「不在者カード」を提出することで、見守る側の負担が軽減される。

これら具体的な方策が盛り込まれたマニュアルは、「見守りの仕組みづくりマニュアル」及び「地域福祉ソーシャルワーカー・モデル事業活動事例集」として、福岡市社会福祉協議会のホームページから容易にダウンロードすることが可能である。

その上で、福岡市全体の関係者・地域住民にノウハウが普遍化されている。今後も住民が主体となった見守り活動が展開されていくであろうが、事業経費の一部を新しい「総合事業」から工面できれば、さらなる予算も確保され、事業展開も活発化していくだろうと期待が寄せられている。

サロン活動

また、筆者は札幌市内のNPO法人「ニルスの会」が主体となって活動している現場を訪問し(二〇一五年三月二七日)、「認知症カフェ」「介護相談カフェ」などの取組みについて話を聞いた。責任者である長井巻子さん(社会福祉士)によれば、二〇一五年改正介護保険制度の実施により、総合事業の一環で、今後、地域活動を行う団体を札幌市としても、積極的に支援することが想定されるという。

これまでの地域活動は、志のある人や団体が手弁当で主体となってきたが、札幌市が二年後本格的に総合事業を開始するのに伴い、助成金などが支出される可能性も出てきた。これらの動きを見据えてNPO法人を立ちあげ、「認知症カフェ」「介護相談カフェ」を実施することによって、それが地域の活性化につながれば、ということであった。

認知症カフェでは、毎回、一〇名ぐらいの高齢者・家族介護者が集っているという。高齢者が足を運ぶきっかけは、自分の「物忘れ」が目立ちはじめ「認知症では?」と、不安にかられ、近所の噂話やチラシで知ってのことが多いという。

また、実際に介護している家族も、デイサービスに高齢者を預けている間、同じく介護を経験している仲間らと集い、認知症や介護事情などの情報交換を行っているという。カフェでは、コーヒーを飲みながら、高齢者同士や介護者同士が集うことで、日頃の不安や介護情報などを共有しているという。

このような「家族介護者間の集い」は、日頃の精神的な家族の介護疲れを癒し、「孤立化」を防ぐ効果もある。「自分だけが辛い思いをしているのではない」といったことに気づき、家族介護者同士で情報の共有もでき、非常に意義がある。

4．はじめての自己負担二割導入

高齢者の約二割が該当

二〇一五年八月から一定以上の所得の要介護高齢者は、自己負担が二割となった。具体的なカットライン（一定以上の所得）は、年収二八〇万円となっており、毎月、手取りで約二〇万円の年金等の収入がある層である。その割合は六五歳以上高齢者の約二割に相当する。

手取りで二〇万円といえば、一定の経済的余裕のある高齢者層と考えられがちだが、年金額が伸び悩む一方で、介護や医療の保険料は定期的に上がっていく。現在、介護保険料は平均水準が月約五五〇〇円だが、国の推計では二〇二五年には約八二〇〇円となる。つまり、所得が高い層の保険料は二五年には約一万二三〇〇円となり、保険料は年金から天引きされるため、

表8-2　介護保険制度における自己負担上限額

	上限額	対象世帯
①	37,200円	一般世帯(ただし年収383万円以上は上限額44,400円)
②	24,600円	世帯全員が住民税非課税で③に該当しない人
③	15,000円	世帯全員が住民税非課税で課税年金収入額と合計所得金額の合計が80万円以下の人
④	15,000円	老齢福祉年金受給者で世帯全員が住民税非課税の人，生活保護の受給者等

(出所)厚労省の資料を基に筆者が作成

可処分所得は目減りしていくことになる。

また、一定以上の所得があるといっても自己負担額が二割ともなれば、週二回利用していたデイサービスを週一回に、週三回利用していたヘルパーを週二回にと、サービス利用を手控える高齢者も出てくるだろう。その結果、サービスを減らしたことで機能維持ができず、結果、重度者が増えることで、かえって介護保険財政が逼迫してしまう危険性もある。

高額介護サービス費

ただし、負担額が一割から二割になるものの、毎月の負担額には上限が設けられており、一か月の負担が高額になる人に対しては、一定の負担限度額を超えた場合(表8-2)、その額は高額介護サービス費から支給される(超過分を市町村に申請すれば、後に戻ってくる)。

なお、この高額介護サービス費の限度額も改正され、旧来は所得に関係なく限度額は毎月三万七二〇〇円となっていたのが、二〇一五年八月からは医療保険制度と同様に現役並み所得(年収三八三万円以上)を得ている要介護高齢者の限度額は、四万四四〇〇円に引き上げられた。
対象となるサービスは訪問介護(ヘルパー)、訪問入浴介護、訪問看護、通所介護、通所リハビリテーションなどで、福祉用具購入費、住宅改修費などは対象外となっている。

5．保険料の仕組み変更

さらに、二〇一五年四月から、六五歳以上が支払う介護保険料(第一号被保険者の保険料)の見直しも実施されており、「所得の再分配」の幅を拡げるため、所得に応じて支払う保険料のランクも国基準で六段階から九段階に細分化された。

所得の再分配

具体的には二〇一七年四月から消費税が一〇%に引き上げられるだろうが、その一部の財源約一三〇〇億円を活用して、新一段階(所得がもっとも低い層)の保険料額を、標準的な保険料(二〇一五年時約五五〇〇円)の〇・三倍とする。これまでは標準的な保険料の〇・五倍であったため、比べると保険料が軽減されるのだ。一方、新九段階(所得がもっとも高い層)では標準的な保険料の一・七倍となり、改正前は標準的な保険料の一・五倍であったため逆に負担増となる。つまり、再分配機能を高めたことになる。

しかし、六五歳以上の介護保険料の設定は、各市町村によって異なり、国は九段階を基準としているものの、たとえば、自治体の裁量で一五段階と、さらに幅を拡げることもできる。しかも、各市町村の施設数や高齢化率によっても保険料の基準は異なる。

いずれにしても今回の法律改正によって、低所得者において保険料負担がやや軽減されていることは間違いない。

後期高齢者医療制度との関連

介護保険料の低所得者対策が実施されるいっぽうで、二〇一七年四月から七五歳以上の高齢者が毎月支払う後期高齢者医療制度の保険料軽減策が打ち切られる可能性が議論されている。これまで所得の少ない七五歳以上高齢者の保険料を軽減する特例措置が継続されてきた。具体的には、所得の低い七五歳以上高齢者の医療保険料は、通常なら七割軽減されるところ、現在のところ、特例措置として八・五割もしくは九割軽減されている。

仮に、二〇一七年四月から特例措置が廃止されると、たとえば単身世帯で年金収入が年八〇万円以下の人は保険料が月三七〇円から月一一二〇円と約三倍に。年収が一五〇万円の単身世帯の保険料負担は、月五六〇円から月一一二〇円と倍増する試算になっている。その結果、年間約八〇〇億円の公費支出が抑制できるとされている。

七五歳以上高齢者にとっては、せっかく介護保険料が減額されたものの、後期高齢者医療保険制度で特例措置が廃止されれば、その分は相殺されてしまう。しかも、両制度の保険料は年金からの自動引き落としであるため(年金天引き)、結果的に介護保険料の低所得者対策は効かなくなってしまう。

厳しい見方をすれば、国の財政支出も「お金には色がついていない」ため、単純に介護保険制度に投入する約一三〇〇億円のうち、約八〇〇億円は後期高齢者医療制度の特例措置廃止で財源を工面したとの見方もできなくもない。そのため、介護保険制度と後期高齢者医療制度の両面を検証していかないと、高齢者の生活実態を論じることはできないことになる。

6. 特別養護老人ホームの申込みは要介護度3から

入所申込要件の変更

今回の法改正によって、特別養護老人ホーム(特養)における入所要件の厳格化が起こってきている。原則、要介護度3以上となり、条件付で要介護度1・2は認めるというのだ。実際、特養の入居者のなかで要介護度1・2の高齢者は全体の一割程度となっている。

しかし、要介護認定の結果には地域差があり、認定システムの精度は高いとはいえない。同じ状態であるにもかかわらず、ある地域では要介護3に認定され特養への入所が認められるが、別の地域では要介護度2となり入所できないといった事態が起こりかねない。本来、介護保険制度では全国一律のサービスが提供されるべきであるが、その点、公平性には課題がある。

要介護度1・2で入所できる条件

例外的に入所の申込みが可能となる要介護度1・2の条件は、「認知症で日常生活に支障を来し、意思疎通の困難さが頻繁に見られる」「知的障害・精神障害等を伴い、日常生活に支障を来すような症状・行動や意思疎通の困難さが頻繁に見られる」「家族等による深刻な虐待が疑われる等により、心身の安全・安心の確保が困難な状態」「単身世帯である、同居家族が高齢又は病弱である等により、家族等による支援が期待できず、かつ、地域での介護サービスや生活支援の供給が十分に認められない」などとなっている。

施設は市役所の意見を参考にすることもでき、入所判定委員会で検討するとなっている。もっとも、要介護度1・2の高齢者の施設の受け皿としては、特養の代わりに養護老人ホームやケアハウスといった比較的元気な高齢者が入所できる老人施設が想定されている。

特養に入所する低所得者の食費や居住費を助成する「補足給付」にあたっては、従来は世帯の課税状況や本人の年金収入、所得のみが勘案されていた。ただし、今回の改正によって預貯金なども受給の可否の参考にされることになった。たとえば、単身者で預貯金一〇〇〇万円以上、夫婦で二〇〇〇万円以上を有している高齢者は、助成金(補足給付)が受けられなくなった。

助成制度(補足給付)の見直し

また、年金収入の判断においても、従来は遺族年金や障害者年金は収入と勘案されなかったが、今回の改正で収入として判定されることになった。

たとえば、ユニット型個室タイプの特養では、通常、毎月一二万～一五万円程度の総費用がかかる。それが、低所得者と認められ助成金(補足給付)が下りれば、毎月九万～一一万円程度の自己負担で済む。さらに、相部屋(多床室)タイプであれば、通常、七万～八万円の自己負担がかかるところ、同じく助成金(補足給付)が認められれば四万～五万円の負担で済む。

料金が確定しないのは、要介護度が重くなれば、若干、介護保険における自己負担額が高くなり、地域によってもその値段に幅があるためだ。また、助成金(補足給付)の額も高齢者の収入に応じて異なってくる。

7．介護予防が変わる

一次予防と二次予防

介護保険制度の仕組みの一つに「介護予防」というサービスがある。これは既に述べた「地域支援事業（総合事業）」の中の一つのサービスとして位置づけられていた。改正前までは、この「介護予防」に、元気高齢者を対象とした六五歳以上の高齢者が誰でも参加・利用できる「一次予防」というサービスがあった。具体的には、体操教室や栄養管理教室など高齢者の健康を維持するためのプログラムである。

もう一つ、六五歳以上高齢者のうち虚弱高齢者を対象とした「二次予防」というサービスもあった。これは、高齢者の心身状況を専門家が見極めて、虚弱高齢者を対象に理学療法士（リハビリテーションを担当する専門職）や栄養士（栄養管理を行う専門職）、保健師（健康管理をアドバイスする専門職）がサービスを提供するものであった。

統合された介護予防

二〇一五年の改正によって、一次予防と二次予防が統合され新しい介護予防事業となり、六五歳以上で、元気高齢者もしくは虚弱高齢者が利用可能となった。

このように介護予防事業は、制度改正によって大きく変わり、高齢者にとってはより複雑になったことは否めない。本来は、介護が必要とならないために、日頃から心身の機能維持、健康管理に気を配るように啓発していくものであろう。高齢者自身にも介護状態にならないように心掛けてもらうことが、介護予防事業の骨子である。その意味では誰もに介護予防に取り組んでもらうことが重要であるが、制度が複雑になったことで、利用者に戸惑いが生じることは避けられない。介護予防をより促進させていくには、シンプルな制度にしていくことが必要不可欠なのではないだろうか。

最終章
これからの在宅介護は
どうあるべきか

1．介護における格差

多重介護

これまで述べてきたように、国は「在宅介護」を推し進めている。しかし、家族機能が減退しており、併せて一部地域を除いて、「在宅介護」の資源が充分とはいえず、多くの問題が生じている。

その典型が一人の介護者（親族）が、数人の要介護者を看ている「多重介護」問題である。筆者は在宅介護現場で働くケアマネジャーが集う会合で、二〇一四年九月二七日アンケート調査を実施し、一二一名の参加者から九九名の回答を得ることができた（図終-1）。

これら自由記述の中では「介護者一人では限界に達し、虐待や介護放棄になる危険性がある」「長男の嫁が介護しているが、自分の両親の介護問題も抱えている」「両親の介護に追われ、結婚を諦めている娘がいる」「子どもがいないため、甥や姪が介護者となっているケースもある」「自分の親や夫の親の介護、または叔父や叔母の介護といった支援に負担を感じている嫁がいる」「先が見えず、いくら介護サービスを使っても、介護者は暗いトンネルに入っている心境だ」「介護者は精神的に不安定となりがちである」「子ども（兄弟）が少ないため、夫婦とも離れた親がいてお互い支援が大変である」といった意見が寄せられた。

この調査結果から「多重介護」問題は、家族形態の変容によって家族の介護力が減退していることの表れだといえる。一昔前の高齢者であれば、多くの場合、子どもが数人いたため兄弟姉妹で親の介護負担を分散できた。たとえ独り暮らしであっても、兄弟姉妹が介護負担を分担することで、多少、介護資源不足であっても在宅介護は可能であった。それが、現在の介護者の場合は兄弟姉妹が少なく、一人の介護者がすべて負わなければならないことも珍しいことではない。

(Q)今, あなたは在宅介護現場で, 家族介護者が複数の要介護者のケア(介護)をしているケースに関わっていますか(過去は除く, 家族の同居・別居あわせて)?

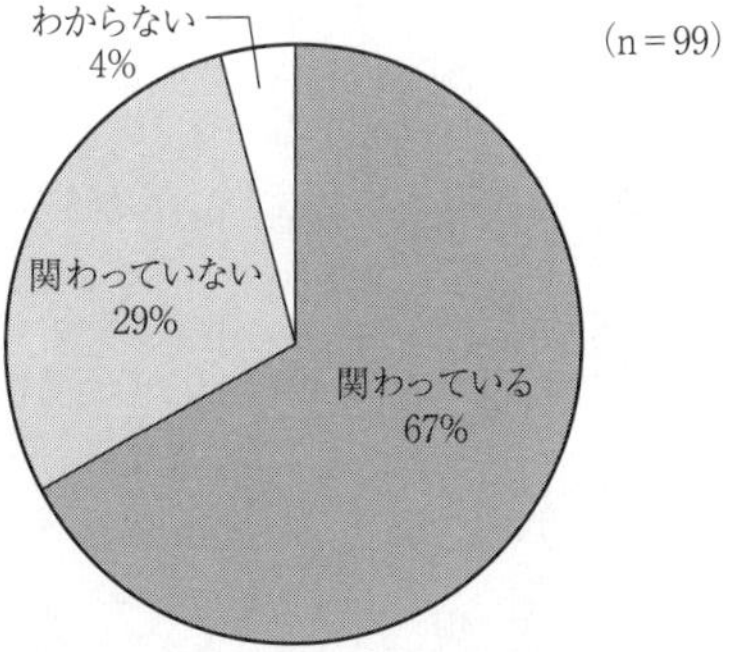

(出所)筆者の調査結果から作成(2014 年 9 月 27 日)

図終-1　ケアマネジャーが多重介護のケースに関わっている割合

高齢者間の経済格差

内閣府『平成二七年版高齢社会白書(全体版)』では、世帯主が年齢六五歳以上の二人以上の世帯の平均貯蓄額は二三七七万円と、二人以上世帯全体の平均貯蓄額一七三九万円に対し約一・四倍となっている。当然、長い人生経験のある高齢者世帯のほうが貯蓄額は高くなる。

しかし、世代内の高齢者間でみると、年齢六五歳以上の二人以上世帯において四〇〇〇万円以上の貯蓄を有する世帯が一七・六％あるものの、同じく年齢六五歳以上の二人以上世帯で三〇〇万円未満の貯蓄しかない世帯も一三・一％ある。

明らかに六五歳以上世代内において格差が生じている。これらは年金額などの収入面においても同様である。国民年金のみの年金受給額は月平均五万円前後であるのに対し、厚生年金や企業年金受給額は一六万〜二五万円以上といったように、かなりの格差がある。

しかも、国民年金受給者のうち、規定通り六五歳から受け取っている人は二〇一二年度末で全体の六割弱で、約四割の人は六〇歳から年金がもらえる「繰り上げ支給」を選択している。生涯にわたる受給額は減額されるにもかかわらず、家計の厳しさから早期の受給を余儀なくされている実態が窺える。

以上のことから、一口に「高齢者層」といって一括りの層にするのではなく、高齢者内（世代内）における経済格差を認識しながら、「在宅介護」の施策を進めていかなければならないことが見えてくる。同じく介護保険サービスを利用するとしても、さらに保険外サービスを利用するか否かで、「在宅介護」の環境にも違いが生じる。すなわち経済的ゆとりのある高齢者層のほうが、選択肢も増え、在宅介護の問題は少なくなるのである。

周知のように、介護保険料は年金から天引きされるシステム（自動的に差し引かれる特別徴収）となっているため、保険料が滞納されることは少なく、保険料未納によるサービスの受給制限といったペナルティが課せられることも少ない。

介護保険が使えない

ただ、法令で年金給付額一八万円未満の高齢者に対しては、「普通徴収」といって被保険者である高齢者自らが保険料を納めることになる。これらの対象者が保険料を一年以上滞納すると、「償還払い」といって本来一割自己負担のところ、いったん一〇割を介護事業者へ支払うことになる。そして後日、領収書などを揃えて事務手続きすることで、九割分の支払額（保険給付分）が返金される。年金給付額一八万円未満の要介護高齢者にとって、一時でも費用を全額工面しなければ介護保険サービスが利用できないことは、大きなペナルティとなる。

また、一年六か月以上保険料の滞納が続くと、保険給付の制限が課せられ、介護保険の一部サービスが受けられなくなる。そして、二年以上保険料の滞納が続くと、自己負担一割が三割負担となり、既述した高額介護サービス費の支給（月に一定程度上限額を超えるとそれ以上は自己負担が発生しない）も停止される。もともと保険料を滞納するほど経済的に厳しい状況下で、自己負担三割ともなれば介護保険サービスがまったく使えないに等しい状況に陥る。

現在、このようなペナルティを課している保険者(市町村)が四六一か所(全体の二六・五%)にのぼっており、保険給付の償還払いとなっている対象者も二四二八人となっている。

年金支給開始年齢

なお、加入している年金の種類にもよるが、基本的には老齢年金の支給開始年齢は六五歳である。今後、高齢者人口が増え続けて、少子化傾向に歯止めがかからなければ、約一三〇兆円の年金資金の積立金残高があるものの、一律年金支給開始年齢を六八歳へと引き上げる可能性があることも否定できない。

万一、中長期的に一律年金支給開始年齢が引き上げられたとすれば、在宅介護の環境も劇的に変化してしまう。たしかに、六五歳以上の健康度は高くなり、元気高齢者と言われる層も増え始めてはいる。先の内閣府『平成二七年版高齢社会白書(全体版)』によれば、男性で六〇〜六四歳で七二・七%、六五〜六九歳でも四九・〇%が何らかの仕事に就いている。男女差は見られるものの、六五歳まで現役世代といった社会認識は浸透しつつある。

しかし、「平成二五年度介護給付費実態調査の概況」によれば、介護保険サービスを利用している六五〜六九歳は一九・二万人となっている。また、厚労省「平成二五年国民生活基礎調査」においては、同年齢層で一六・〇%の人が健康状態について「よくない」「あまりよくない」といった結果が示されている。つまり、六五歳以上においても健康上の問題を抱えている人は少なくなく、言うまでもないが健康度合いは個人差が大きい。

2. 産業としての介護

混合介護とは

超高齢社会に突入している日本において、介護保険制度のみで介護システムを賄うことは財政的側面から考えて難しい。ゆえに市場経済に基づく自費による介護サービスと、介護保険サービスを混合させて介護システムを構築すべきとの議論がある。

団塊の世代と言われる高齢者の多くは厚生年金受給者も多く、彼(女)らの多くは毎月一六万円前後の年金支給額を受け取っている。日本は市場経済であるため、一定の経済格差によるサービス便益の違いは、いたしかたないとする考えもある。

実際、混合介護サービスを実践することで、介護事業者としては介護保険のフレーム以外にも事業収入を得ることができ、働く介護士らに賃金の上乗せをすることも可能となる。利用者にとっても、サービスが上乗せされれば多少の自費を支払っても構わない、といった声も少なくない。けれども、先に述べたように、高齢者間の経済格差によって利用できる人と、できない人が生じてしまう。

筆者は都内の某家政婦紹介所を営んでいる事業所を訪ね、介護保険制度との関係について話を聞いた(二〇一四年五月二二日)。責任者である高田良子さん(仮名)は、家政婦紹介所を営んで三〇年以上になるが、関連会社で介護保険サービスによる事業所にも関わっている。

家政婦サービス

基本的に「家政婦」と「介護保険によるヘルパーサービス」の違いは、①ケアの内容に制約があるか否か、②利用者の意向に完全に沿うか否か、③支払う金額の違い、と説明してくれた。

要介護高齢者の中には、稀に経済的ゆとりもあることから、介護保険を使わず完全自費による「家政婦」サービスを利用する人がいるという。一二時間約一・六万円が相場で、二四時間体制の家政婦を依頼するとなれば、一日三・二万円となり、その場合、二人交代制でサービスを提供する。つまり、利用者は毎月、一〇〇万円程度の金額を支払い、住み込み家政婦を雇い入れることになる。

介護保険サービスでは、第4章でも触れたが、「他の家族の部屋は掃除できない」「食事は、高齢者分しか調理してはいけない」「通院の際に病院内の介護は保険が利かない」「友人と食事に行くための介護には、介護保険は利用できない」などルールが厳しい。しかも、自立を促す介護が基本であるため、「自分でできることは、ヘルパーにお願いしてはいけない」ことになっている。

このような保険内サービスに不便を感じる高齢者は、多額の預貯金を使いながら「家政婦」を住み込みで雇い入れる。「家政婦」であれば、本人や家族の要求通り無理難題以外は何でもやってくれる。

なお、二四時間でなくとも、週三日は介護保険サービスを利用して、週二日は自費による家政婦を二時間頼むといった「混合介護」を利用しているケースもあるという。自費による家政婦を頼むと一時間当たり三〇〇〇円が相場となり、一回二時間で六〇〇〇円程度になる。

高田さんは、利便性の高いサービス体系を構築するには、介護保険サービスと部分的な家政婦サービスとを組み合わせる「混合介護」は有効だと話す。

法の隙間を狙う

「混合介護」では、ヘルパーや家政婦といった「マンパワー」による違いを調整するだけではなく、「住まい」まで自費サービスと関連したビジネスモデルがある。

東京都北区での「シニアマンションにおける身体拘束」という悲惨な介護現場が、明るみに出された(「東京のシニアマンション訪問介護——拘束多発制度の谷間」朝日新聞、二〇一四年一一月九日付)。記事では、家賃、医療費、介護、食費などすべて込みで、毎月一五万円で生活できる「シニアホーム」が紹介されている。しかし、ここでは身体拘束といった高齢者虐待が行われているのではないかとの報道がなされた。都内の介護資源不足によって、経済状況が厳しい認知症などを伴う要介護者らが、「シニアマンション」とよばれる一部屋四畳半程度の間取りの集合住宅を利用している実態が話題となったのである。

重度の認知症高齢者の介護は、「昼夜逆転」「排泄・排尿の後始末」「異食物の管理」などかなり負担が重い。昼夜逆転している要介護高齢者を介護している家族は、不眠状態が続き精神的にまいってしまう。しかも、その昼夜逆転のリズムが不安定であるほど深刻化する。排泄・排尿においてもリビングや畳でなされると、その後始末に追われる。かつ目を離すと「異食物」を飲食してしまい、常時、看ていないと何が起こるかわからない状態に陥る。

このような問題行動の多い要介護者の介護は、施設や認知症専門の病棟で看てもらうべきなのであるが、どうしても施設不足や経済的に折り合わず、かといって在宅介護は限界といった介護者にとって、このような「シニアマンション」が毎月一五万円で看てくれるのであれば、多少、問題があっても「渡りに船」となる。

東京都と北区はこの「シニアマンション」は、高齢者虐待防止法に抵触するとして勧告・指導などの行政処分を行った(「拘束介護、虐待と認定」朝日新聞、二〇一五年二月一八日付)。それにもかかわらず、問題が発覚した「シニアマンション」であっても、退居する高齢者はほとんどいなかった。

そもそも、在宅介護という環境下では、「マンション」「アパート」といった集合住宅を基本としながら、その周辺から訪問介護、訪問看護、訪問診療、食事(宅配弁当など含む)などのサービスを調達することで、プライベートな空間で介護施設に準じた環境を整備することができる。有料老人ホームや介護施設となると、一定のルールがあり規制もあるが、「在宅」という名のプライベート空間であれば、いくらでもグレービジネスが展開できてしまう。

「在宅介護」は規制の網が緩やかなため、貧困ビジネスが忍び込みやすいのである。

営利企業について

介護保険制度は部分的に市場経済を導入しているが、あくまでも「純市場」ではなく「準市場」であり、公費や保険料といった公的資金が財源となっていることから、公共性に近い「財」を配分していることを忘れてはならない。

無論、公共性があるからといって「儲け」がなければ、従業員の賃金を工面することはできないし、新事業を展開することも難しい。しかし、利益追求ばかりの経営を繰り広げていては、短期間で利潤を得ることはできるが、中長期的には経営が難しくなる。なぜなら介護報酬は三年おきに改定され、その決定過程においては収支実態調査などが参考にされて、利益が高い分野は、マイナス改定となって介護報酬が下げられるからである。

たとえば、二〇一五年介護報酬改定では、デイサービス(通所介護)の収支状況が良かったため、かなりのマイナス改定となり経営的に厳しくなった。つまり、利益偏重主義のビジネスになると、公定価格である介護報酬によって調整されてしまうのである。介護事業者側も、基本的にはそれほど儲かる産業ではないことを認識していくべきであろう。

社会福祉法人の役割

昨今、非営利団体として公益を目的として位置付けられる社会福祉法人の役割が充分に発揮されていないという議論がある。社会福祉法人に関する法律改正もなされ、今後、一層の地域貢献責務が課せられる。

特別養護老人ホームなどの社会福祉法人の一部の経営者は、効率性、客観性といった視点での経営意識が希薄化していることは否めない。しかも、一部の特別養護老人ホームが、内部留保といった基金を保有していることは事実であり、そのことが二〇一五年介護報酬のマイナス改定の大きな論拠となった。たしかに、一部の社会福祉法人に限っては多額の内部留保を保有していると考えられるが、やはり社会福祉法人は公共性の高い団体であるため、社会に還元する事業展開に積極的に取り組む必要がある。

しかも、一部の社会福祉法人が、自治体管理職の天下り先になっていたり、世襲制の施設長が就任していることも少なくない。無論、これらの施設長の中には、能力も高くモチベーションのある優秀な人材も多いが、いっぽうで経営意識の低い管理職もいる。

介護保険制度において、社会福祉法人の役割は非常に大きいと考えられ、今後も主軸の一つであることに変わりはない。そのためにも「地域貢献」「不採算部門への参入」など、市場経済では賄えない部分の役割機能を発揮していくべきである。

コンサルタント業

介護保険制度が創設されて一五年が過ぎ、いまやコンサルタント会社の弊害も無視できない。もちろん、「理想のケア」「福祉マインド」「生活困窮者」に対応するため、「介護哲学」を備えたコンサルタント会社がアドバイザーとなって、理想の介護を展開しているケースも多くみられる。

いっぽうでどのように経営すれば介護保険制度の枠組みで利益が追求できるかといった、利益偏重主義的なコンサルタント会社もある。特に、介護関連とは縁遠い業界から介護市場に参入しようとする事業所は、コンサルタント会社に多額のアドバイザー料を支払い、多面的なアドバイスを得る。そして、定期的にアドバイザー料を支払い利益追求のノウハウを得ていく。

特に、現在、コンサルタント会社が主軸となって、介護業界にもフランチャイズ制が広がりつつある。すなわち、多々あるコンビニエンス・ストアのように、親会社が事業のノウハウを提供し、それを活用する事業者が、売上げのうち決められた割合の額を、(ロイヤルティーとして)定期的に支払うといったビジネスモデルが介護業界でも広がりつつある。筆者は、必ずしもフランチャイズ制を否定するものではないが、利益追求型のビジネスモデルは介護業界において馴染まない。

コンサルタント会社でも、良識のある会社と、利益追求主義のものに二分されている。今後、介護給付費の無駄遣いを改善していくためには、このような利益追求主義に偏ったコンサルタント会社を、どのように良識のある組織・団体にしていくかが鍵となる。たとえば、介護関連のコンサルタント会社には、一定の規制をかけていくべきではないかと考える。

3．これからの政策と財源論の方向性

社会保険と福祉制度

そもそも介護保険制度は「社会保険」制度と言われるが、機能的にも財政構成においても、純粋な社会保険制度とはいえない。介護保険サービスの対象者は低所得者をはじめ、処遇困難な課題を抱えた要介護高齢者も多く、「福祉」的なアプローチが必要な人も多い。

たとえば、認知症高齢者などは、契約行為が難しく需給関係において対等な立場ではなく、潜在的な介護ニーズのある人を顕在化させていく機能が介護保険制度には求められている。社会保険方式では「契約」によって需給関係が成立するが、必ずしも利用者自らが介護ニーズを認識して、介護サービスにアクセスしてくるとは限らない。

このような利用者像を抱えている介護保険制度の構造を考えると、もっと福祉と社会保険制度が混在したシステムとしての介護保険制度を認識すべきだといえる。まして、財源構成でも自己負担分を除けば公費が五〇％投入されており、純粋な社会保険方式とはいえない。

ドイツの介護保険制度では財源は保険料が主軸であるため、純粋に社会保険制度と位置づけられるが、日本の介護保険制度は、社会保険方式を採用しているに過ぎない。つまり、機能としては「福祉」と「社会保険」の混合システムなのである。これらのことを踏まえて、介護保険サービスを考えていくべきである。

増え続ける保険料

もっとも、繰り返すが二〇一五年四月から六五歳以上が支払う介護保険料は全国平均五五一四円ということが明らかになった。三年前の四九七二円と比べると約五〇〇円も上がっており、団塊世代の全員が七五歳をむかえる二〇二五年には、約八二〇〇円に上がるとも予測されている。

ただ、介護保険料が高いことは必ずしも悪いことではない。介護施設の整備率やサービスの充実度を考えるなら、財源確保という意味で介護保険料は自ずと高くなってしまう。ただ、その分、市町村は保険料の引上げと、サービス確保の関係を住民に説明する義務がある。

もちろん、介護保険サービスを利用せずに元気高齢者として生活できれば、高齢者本人も幸せであり、市町村も保険料上昇に悩むことはない。そのため体操教室や健康教室などを推進し、「介護予防」施策を充実させることは不可欠である。そして、高齢者本人にも健康意識を高めてもらうことで、上昇し続ける保険料の伸びを抑えていくことは重要である。

公費負担の割合を五〇％以上に

もっとも、これらの試みを実施したとしても、超高齢社会に突入している日本において、介護保険支出の上昇は避けられない。団塊世代全員が七五歳になる二〇二五年には、高齢者人口は約三六〇〇万人にのぼり、介護保険サービスを利用する人は急増する見込みである。

かといって六五歳以上の年金受給額も上がらず、介護保険料は年金から天引きされるため、三年ごとに年金の手取り額は目減りしていくことになる。そのためにも、介護保険料の上昇について国全体の施策で考えていく必要に迫られている。

そのため、今後、既述の介護保険の財源構成を見直して、公費負担割合を五〇％から高齢化率に合わせて段階的に五五%、五七%、六〇%と引き上げることで、保険料負担分の財源構成割合が小さくなり、保険料上昇も緩和させていくことが可能となる。

なお、介護保険の被保険者範囲を現行の四〇歳以上から三〇歳以上に拡充し、新たな負担層を設けることも考えられる。ただ、これら被保険者の拡充によって上昇する保険料の緩和策を講じるためには、若い三〇歳代の世代の介護保険への理解度を高めることが課題となる。

たしかに、介護保険制度と障害者福祉制度を部分的に統合することを模索することで、三〇歳代も保険給付を認識できることから「負担と給付」の論理は成り立つ。ただし、障害者の介護は「社会保険」ではなく「福祉制度」といったコンセプトで担っていくことが、障害者福祉の現場での大方の意見である。このことから介護保険制度における被保険者拡充の実現可能性は、当事者の反対意見が多いため、かなり低いのではないだろうか。

保険料上昇の緩和策は、公費負担割合を引き上げるしか途はないと、筆者は考える。

資産を把握しての負担増

二〇一六年一月から「マイナンバー法」が施行され、国民一人ひとりに番号が割り振られる。そして、納税実績、社会保障に関する個人情報を一つの番号で管理されることになる。もっとも、マイナンバー法が施行されても個人資産を把握することはできない。今後、自治体が個人の預貯金などを把握するには、「マイナンバー」

と預貯金が連動されるなどといった法改正を踏まなければならない。

筆者は、個人情報の扱いには最善の留意を図ることを条件に、いずれ「マイナンバー」と預貯金の連動は実施すべきと考える。そうなれば、数千万円の預貯金を保有している高齢者から、さらなる保険料を徴収することが可能となり、もしくは、たとえば五〇〇〇万円以上の預貯金保有者からは、介護保険自己負担三割といった負担増を課すことも可能となる。ただし、日本年金機構においてサイバー攻撃が生じ、個人情報の流出については懸念が残る。一層の対策がとられることを条件としなければならない。

現在の社会保障制度は、基本的には年金額といった収入(フロー)部分でしか負担増の割合を決められない。たとえ一億円以上の預貯金があっても、毎月の年金額五万円前後といった国民年金受給者であれば、社会保険料は低く抑えられている。しかし、一定の高額な預貯金保有者には、多額の保険料や自己負担を課していく社会保障制度に変革していかなければ、「高齢者間の再分配(世代内再分配)」の実現にはいたらない。

同じ時代を共にした高齢者間で、「資産(ストック)」「所得(フロー)」の再分配機能を高めていくことで、後の世代に負担を軽減させる効果が期待できる。今後の介護保険財政の財源として、一定の預貯金を保有した高齢者に負担増を課していくシステムは不可欠となろう。

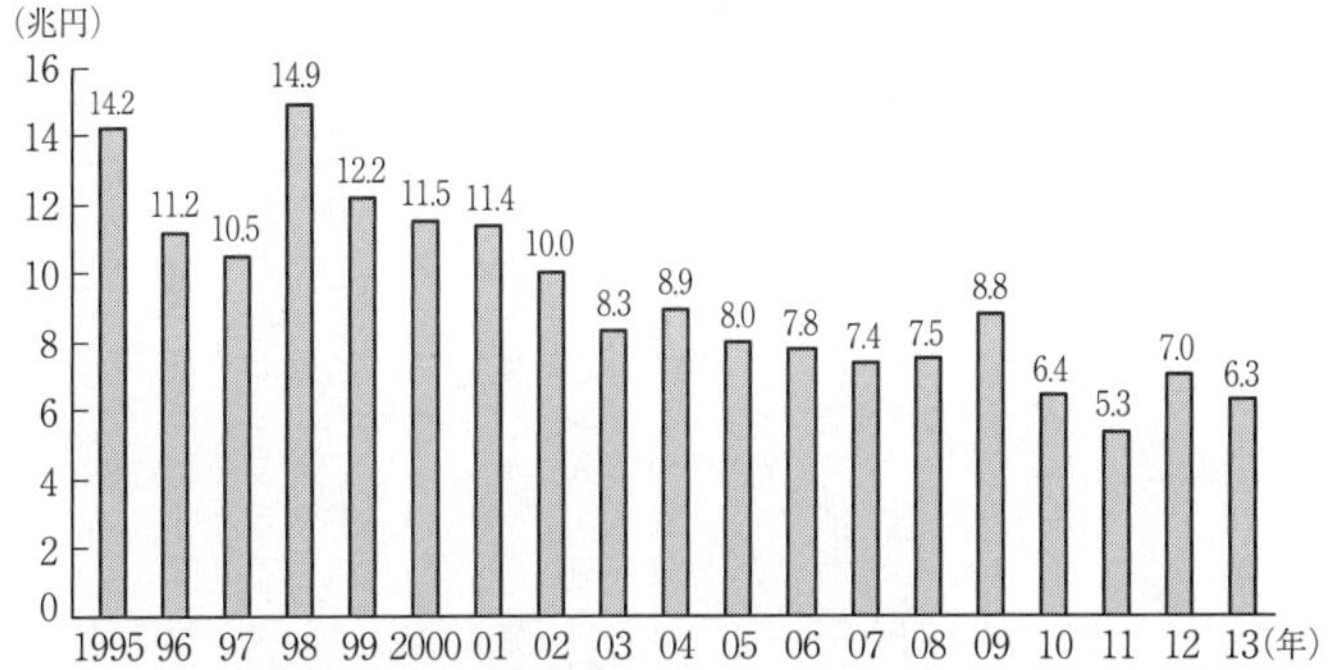

(出所)「(参考)公共事業関係費(政府全体)の推移」『平成26年度予算概要』国土交通省(2014年1月)より作成

図終-2　公共事業費の推移(当初予算＋補正予算)

財政赤字と言いながら

財政赤字が一〇〇〇兆円に膨らみ、日本は世界の中でも財政運営が厳しい状況下にある。そのため、社会保障の「充実」は難しく、医療や介護といったサービスを削る議論が正当化されつつある。

にもかかわらず下がり続けていた公共事業費も、当初予算と補正予算を合わせると微増の兆しが窺える（図終-2）。東日本大震災の復興対策との名目で、昨今、新しいインフラが造設されている。また、二〇一五年度整備新幹線予算の総事業費は一六〇〇億円にのぼり、そのうち国費が七五五億円を占める（政府・与党申合せ「整備新幹線の取扱いについて」二〇一五年一月一四日、国土交通省「平成二六年度予算概要」）。

たしかに、北海道札幌市などに新幹線を開通させることは必要かもしれないが、介護サービスを「充実」させていくほうが、新たなインフラ整備よりも社会全体のニーズは大きいと考える。

今後、新たなインフラ整備に公費を投入することは、過去の誤りを繰り返すだけである。同じ財政出動をするのであれば、介護など福祉部門へ集中的に「投資」して、福祉サービスを充実させるべきだろう。いわゆる「福祉循環型社会システム」をめざして、介護などの福祉サービスを充実させることで、結果的に福祉従事者の雇用拡大と賃金引上げにつながり、「内需経済」が活性化して景気回復につながるであろう。

なお、少子化によって限られた若い世代の労働人口を、福祉産業に大きくシフトさせて雇用形態を変えていく必要もある。

「充実」を前提に

これまで消費税は、三→五→八→一〇%と引き上げられていくプロセスを踏んでいるが、超高齢社会を考えれば、さらに一二→一三→一五→二〇%と引き上げられていくことはいたしかたないと、筆者は考える。しかし、それには、施策の「充実」が絶対条件になる。社会保障政策上、「充実」と「維持」では、まったく意味が異なる。

「充実」とは、各種保険料負担の緩和、サービスの向上、自己負担増の回避など、国民負担を軽減する、もしくはサービスの質と量を向上させていくことを意味する。それに対し、「維持」は、単なる現状維持であって、国民にとってサービス水準はまったく変わらないことになる。ましてや、赤字国債で工面されていた社会保障費の財源を、消費税増税によって置き換えるなどしていては、保険料の引上げや自己負担増がさらに求められることになりかねない。消費税増税を実施してもサービス水準は現状維持で、しかも保険料や自己負担増も課せられるとすると国民は消費税増税の効果を実感できない。

現状の赤字国債は何らかの対応が必要であることは言うまでもないが、消費税を段階的に引き上げても、サービスの向上や負担増の回避ができなければ意味がない。消費税の増税分の収入は、あくまでも社会保障費の「充実」のみに充当して、赤字国債への対応に関しては別の財源を考えていくべきである。

4．あるべき日本の介護システム

単純な仕組みに変革すべき

序章でも触れたが、介護保険制度が創設されて一五年が過ぎ、かなり複雑な制度に変容してきている。高齢者やその家族が、初めて介護保険制度を利用しようとしても、充分に理解することは難しい。現場の専門職でさえ、三年ごとに変わる介護報酬や法改正を把握するのに時間がかかり、制度改正後の数か月は、新制度を理解するうえで残業続きの日々である。そのため要介護高齢者と充分にコミュニケーションをとる時間が少なくなっている。

しかも、介護保険制度の事務作業は「コンピュータ(システム)化」されているため、パソコン技術やコンピュータソフトの改修なしには、法改正に対応することはできない。

また、介護サービスは本来、生活全般を支える仕組みでありながら、日々、複雑な介護報酬における「加算」などの上乗せ収入を得るための記録や事務処理に追われており、これらの能力の高い専門職が、〝優秀な職員〟として位置づけられる傾向がなくもない。

このように、利用者が制度を理解できず、しかも専門職が事務作業に追われる背景には、介護保険制度が複雑化していることが大きな要因としてある。制度をシンプルにすることで、このようなシャドーコストは軽減されるだろう。

医療と介護の概念の違い

言うまでもないが医療政策と介護政策は不可分ではあるが、それらを構成するにあたっては、根本的に異なる概念であることは踏まえておくべきである。研究者や政策立案者の一部には、とかく「医療や看護政策はデータに基づいて政策が練られている。しかし、介護政策は、エビデンスが曖昧なままに政策が練られている。現場感覚に依存する施策と見受けられる」と比較する声がある。

たしかに、政策を練るには一定程度のデータやエビデンスは必要である。ただし、医療は「疾病」などデータ化しやすい事象を対象としている一方で、介護は個々の環境、生活文化、家族関係などの「生活」に基づいて対応するため、単純にデータ化できるものではない。

介護政策を練るには、一定の普遍性に基づいた対応策は必要ではあるが、最終的には個々のケースに応じた施策が求められる。その意味で介護政策は、「生活」という概念を念頭に置きつつ、個別性という考え方も重視しながら練られるべきであろう。

平成の大合併を軽視しない

筆者は、国の「地域包括ケアシステム」構想は、その理念には賛同するとしても、おそらく多くの市町村では机上の空論に終わるであろうとみる。確かに、一部、先駆事例として紹介され、優等生とも言われる市町村は実現できるかもしれない。また、大都市部の市町村ではマネジメントをしっかり行えば、市町村の区域がそれなりに限られた範囲であるため、マンパワーも効率的に配置できて、「地域包括ケアシステム」実現の可能性は高いだろう。

しかし、平成の大合併によって、二〇〇二年四月には三二一八市町村だったのが、一四年四月には一七一八市町村へと統合されている事実は無視できない（総務省「市町村数の変遷と明治・

昭和の大合併の特徴」)。一部の都市部を除いて、多くの保険者である市町村は、広範囲にわたる区域で介護施策を考えていかなければならない。

大都市部では、訪問看護・ヘルパーなどの介護事業所は、工夫次第で単体サービスのみでも黒字化する可能性はある。それに対し地方では、ヘルパーが片道四〇分以上もかけて訪問するようなケースが珍しくなく、介護事業所はいくら努力しても赤字になるばかりで在宅サービスの拡充は期待できない。

それゆえ、多くの地方を中心に、現行の国の政策・施策は大きく転換して、施設と在宅との両面で経常収支を考え、たとえ在宅部門が赤字であっても施設部門の報酬を引き上げるなどして、施設と在宅とで調整ができる介護報酬体系にするべきである。

全国的に「在宅介護を推進」するのだとしたら、地方に展開されている老人保健施設や特別養護老人ホームを基盤としながら、それらに在宅部門を担うインセンティブを与えていく必要がある。老健や特養が、積極的に二四時間対応の定期巡回訪問サービスや訪問看護ステーションの事業を展開するのであれば、それに応じて施設報酬を上乗せさせていくのである。つまり、これら介護施設の半径五〜二〇キロ圏内の地域の高齢者全員のケアを考えていくことで、地方においても在宅介護資源の拡充が見込めるというわけだ。

なお、在宅医療においても、「総合医(専門に特化した医師でなく、全般的な診療が可能な医師)」の力が不可欠であり、そのような開業医を増やすべきである。そのため、全大学の医学部でジェネラリストの医師教育に力を入れていくべきであろう。地域医療に明るい医師が増えれば、地域をマネジメントできる医師も多くなり、医療と介護の連携が活発化される。

介護福祉士と准看護師の資格統合

もう一つの深刻な問題は、看護と介護の人材不足である。すでに述べたが、医療機器の発達などにより素人の家族などが、「胃ろう」「インシュリン注射」「喀痰吸引」などの医療行為を行っている。しかし、これらの医療行為は、実質的には生活の一部の療養(介護)と位置付けられなくもなく、介護と看護の中間に属する行為といえる。そこで筆者は、「准看護師」を廃止して、介護福祉士と統合した「(仮名)療養介護福祉士」といった新たな資格を創設してはどうかと提案したい。

「准看護師」は、長年、廃止すべきという議論もなされているが、今のところ存続している。二年間の養成所での教育を経て都道府県が実施する准看護師試験に合格すれば、「准看護師」として医療現場で従事できる。ただ、医療行為にあたっては「医師」「看護師」に指示を仰がねばならない。なお、「看護師」は三年以上の養成課程を経なければならない。

しかし、給与面では准看護師と介護福祉士とを比べると、年収ベースでかなりの開きがあり、その差約七〇万〜一〇〇万円となっている。しかも、介護福祉士は二年間の養成課程で受験資格が得られ、国家試験に合格すれば国家資格を有することになる。一方で、「准看護師」も二年間の養成課程で受験資格が得られるものの、試験に合格しても国家資格とはならない。

そのため、介護福祉士の養成課程に、准看護師のカリキュラムを取り入れて、現在の介護福祉士における短大教育などの養成課程を二年から三年に延長することを提案したい。そして、准看護師レベルの医療行為と、介護業務を一人の専門職ができるように変更すれば、看護師不足もかなり解消され、かつ介護福祉士の賃金も「准看護師」レベルに引き上げられると考える。

介護士の賃金引上げは必要不可欠であるが、ニーズの高い医療行為を可能とするシステム変革によって、社会的にも介護士の賃金上昇への認識が高まると考える。

なお参考までに、現在、「介護福祉士」と「保育士」の資格も統合する議論が、国の介護士人材不足を議論する場でなされている。同一の社会福祉法人が特養や保育園を経営しているケースも多々見られ、法人内で人事異動が融通できる可能性が期待されている。しかし、「介護福祉士」と「准看護師」の統合は、現場ニーズにも有効と考えられるが、「介護福祉士」と「保育士」の統合は、技術を身に付けるといった養成・育成の視点で課題があり、慎重に考えていくべきであろう。

5. 介護は社会投資である

いずれにしても、大幅に賃金水準を改善させるためには、すでに述べたように財源論を避けては通れない。

福祉と公共事業の乗数効果

二〇二五年介護保険給付費は、現在の約一〇兆円から二倍の約二〇兆円に伸びるとの推計結果が示されており、GDP比三・三%に相当することになる(図終-3)。

介護業界の粗い推計に基づく平均的な人件費比率を、低く見積もっても約六〇%である。つまり、二〇二五年の介護保険給付費約二〇兆円のうち約一二兆円を人件費と仮定すれば、現状より二〇%の賃上げを実施するにしても、約二・四兆円を増やして約

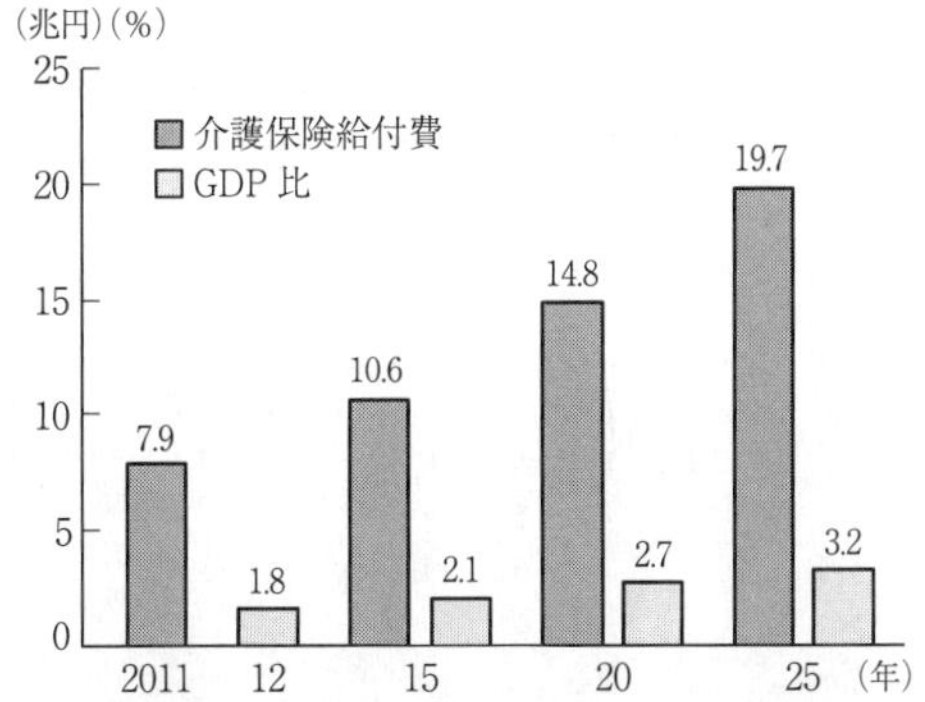

(出所)厚労省「社会保障に係わる費用の将来推計の改定について」(2012年3月30日)から作成

図終-3　将来的な介護保険給付費の推計

二二・四兆円もの給付費を賄っていかなければならないことになる。

そのためには、「介護」を、社会保障という「支え合い」「負担」といった概念から脱却させ、二・四兆円の「社会投資」と考えれば、賃金引上げの実現も不可能ではないだろう。

読者の方は、「乗数効果」という経済用語を耳にしたことがあるだろうか。数年前、国会で財務大臣が認識不足の答弁を行い話題となった専門用語である。アベノミクスによる三本の矢の一つである、公共事業への投資も「乗数効果」をねらったものだ。

けれども、昨今、公共事業による「乗数効果」はそれほど期待できず、GDPを増やすどころか、かえって国債発行を増大させ金利を上げてしまいかねない。その結果、民間投資を減少させてしまい景気回復には効果がないと評されることもある。

介護士による内需の牽引

二〇一二年において約一六九万人の介護士が現場で従事している。しかも、介護職員の年齢構成は、介護職員(施設等)については三〇~四九歳が主流となっているが、すでに述べたが訪問介護員においては、六〇歳以上が約三割を占めている。また、男女別に見ると、介護職員(施設等)、訪問介護員のいずれも女性の比率が高く、男性については四〇歳未満が主流であるが、女性については四〇歳以上がいずれの職種でも過半数を占めている。しかも、介護分野の一年間の離職率は全産業と比べても高い(表終-1)。

いっぽう公共事業では、「外国人技能実習制度（外国人実習生＝労働者）」の活用が勧められており、そのために支払われる賃金の一部は内需経済の活性化には結びつかず海外への送金へ回ってしまう。つまり、介護従事者に支払われる賃金は、外国人介護士は限りなく少ないため、日本国内で使途されるか貯蓄に回されるであろう。結果、少なくとも賃金と個人消費から考えても、公共事業よりも福祉・介護分野に財政出動したほうが「乗数効果」は期待できることになる。ただし、これ以上保険料を上昇させると高齢者の負担感が増してしまう。そのため、介護人材の給与面の改善の原資は、公費を念頭に考えるべきではないだろうか。

表終–1　介護職員と産業計の1年間離職率の比較

（%）

	産業計	介護職員
2009年	16.4	17.0
2010年	14.5	17.8
2011年	14.4	16.1
2012年	14.8	17.0
2013年	15.6	16.6

（出所）厚労省「第2回社会保障審議会福祉部会福祉人材確保専門委員会資料2」（2014年11月18日）より作成

「負担」でなく「社会投資」

超高齢社会において、現役世代にとっての親の「介護」の観点から、介護サービスを安定化させることは、「介護離職」に歯止めがかかり、労働力の維持にもつながる。繰り返すが、介護を「負担」ではなく「社会投資」とする発想の転換によって、介護保険財政に多くの公費を投入することは正当化されるのではないだろうか。

また、軽度者のサービスを拡充することで、重度化防止につながることから、安易な軽度者のサービスカットは、中長期的に考えると介護保険財政にマイナスになるという視点も忘れてはならない。軽度者へのサービスを維持・充実することで、要介護高齢者の重度化が防げれば、「投資」としての機能は充分に果たせるであろう。

さらに、アジア諸国においては、二〇年後、三〇年後高齢化社会に突入することも予測される。その時に日本の介護産業のノウハウを、外需を目的とした輸出産業にしていくことも可能ではないだろうか。

一九八〇年代後半から現在にかけて、日本は北欧諸国から多様な形で福祉関連サービスを輸入してきた。今後、世界的に「介護」の先駆事例国は日本であり、中国をはじめ多くのアジア諸国は日本の介護産業に注目するはずである。

介護を社会の「負担」と考えるのでなく、日本社会の安定・発展のためのもので、経済政策でもあると、発想を転換することで介護サービスの充実を図っていくべきだと、筆者は考える。

主な参考文献

池田省三著『介護保険論――福祉の解体と再生』中央法規出版、二〇一一年
伊藤周平・日下部雅喜著『改定介護保険法と自治体の役割――新総合事業と地域包括ケアシステムへの課題』自治体問題研究所、二〇一五年
大熊由紀子著『物語　介護保険――いのちの尊厳のための70のドラマ』(上・下)岩波書店、二〇一〇年
沖藤典子著『介護保険は老いを守るか』岩波書店、二〇一〇年
奥村芳孝著『スウェーデンの高齢者ケア戦略』筒井書房、二〇一〇年
小竹雅子著『もっと変わる！　介護保険』岩波書店、二〇一四年
加藤悦子著『介護殺人――司法福祉の視点から』クレス出版、二〇〇五年
菊地雅洋著『人を語らずして介護を語るな。――masaの介護福祉情報裏板』ヒューマン・ヘルスケア・システム、二〇一一年
京極高宣著『共生社会の実現――少子高齢化と社会保障改革』中央法規出版、二〇一〇年
佐藤博樹・矢島洋子著『介護離職から社員を守る――ワーク・ライフ・バランスの新課題』労働調査会、二〇一四年
白澤政和著『介護保険とケアマネジメント』中央法規出版、一九九八年

髙橋紘士編著『地域包括ケアシステム』オーム社、二〇一三年
田中滋監修『地域包括ケア サクセスガイド――地域力を高めて高齢者の在宅生活を支える』メディカ出版、二〇一四年
堤修三著『介護保険の意味論――制度の本質から介護保険のこれからを考える』中央法規出版、二〇一〇年
二木立著『介護保険制度の総合的研究』勁草書房、二〇〇七年
広井良典著『グローバル定常型社会――地球社会の理論のために』岩波書店、二〇〇九年
堀田力著『「共助」のちから』実務教育出版、二〇一四年
増田雅暢著『介護保険見直しの争点――政策過程からみえる今後の課題』法律文化社、二〇〇三年
松本勝明著『ドイツ社会保障論Ⅲ――介護保険』信山社、二〇〇七年
宮下公美子著『埼玉・和光市の高齢者が介護保険を〝卒業〟できる理由――こうすれば実現する！ 理想の地域包括ケア』メディカ出版、二〇一五年
宮島俊彦著『地域包括ケアの展望――超高齢化社会を生き抜くために』社会保険研究所、二〇一三年
宮武剛著『「介護保険」のすべて――社会保障再編成の幕明け』保健同人社、一九九七年

あとがき

本書には二〇一二年一月から作業に取り掛かり、約三年半もの歳月を費やした。当初はもう少し早く公刊しようと考えていたのだが、一五年四月からの改正介護保険制度の実施状況も見極めて執筆したため、予想以上の年月を費やすことになった。多くの関係者にインタビュー取材などの協力を得て完成することができ、この場を借りて深く感謝の意を述べたい。

これまで述べてきたように「在宅介護」もしくは「介護全般」は、多くの問題を抱えており、喫緊の課題が山積みとなっている。しかし、どうしても要介護高齢者もしくはその家族ばかりが当事者となりがちで、「医療」「年金」と比べて自分にはあまり関係がないと考える国民も少なくない。

筆者は、介護現場での仕事を経て研究者に転身した後、厚労省の社会保障審議会介護保険部会臨時委員を四年間務め、いくらか政策決定過程にもかかわった。その経験から言えることは、現場の問題点をいくら説明しても、財源論や政治過程の議論に阻まれ、限られた範囲の議論しかできないということである。いくら現場の問題点を訴えながら政策提言をしても、その実現は乏しい。

介護施策を充実させるには、官僚や政治家の意識変革が必要なのは言うまでもないが、やはり、国民全体が介護施策への認識を深め、日本社会にとって重要な問題であるという自覚をもつことが必要であろう。たとえば、「リニア新幹線」「東京オリンピック」などといった話題よりも、介護施策の充実のほうが社会を牽引することにつながると国民全体が認識しない限り、介護問題の解決はありえない。

筆者は、父親が七四歳、母親が七〇歳で、この老夫婦を地方に残して東京圏で仕事をしている。現在、団塊ジュニア前後の四〇歳代の労働者は数多く存在し、彼(女)らは一〇年後には確実に親の介護問題に直面する。団塊世代が七五歳以上となる二〇二五年には、団塊ジュニア世代もまた親の介護に深く関与するのだ。

そして、その団塊ジュニア世代が七〇歳を過ぎる三〇年後には、子どもの数が極端に減っているため、自分らの介護問題は一層深刻さを増す。「介護」は、現在の要介護高齢者及び家族に限らず、世代を超えて継承されていく日本社会の大きな課題なのである。

筆者は、息子(中二)、娘(小六)、妻の四人家族で暮らしているが、三〇年後、この子らが四〇歳代となった時には、日本の介護システムは崩壊しているのではないかと危惧する。それを避けるためにも、三〇年後、四〇年後の介護施策ビジョンを早急に構築していくべきであろう。

なお、筆者が集中して仕事ができるのも、常時、家庭を守っている妻のおかげであり、本来ならじかに感謝の意を述べるべきなのだが、どうしてもためらってしまうため、ここで述べさせてもらうことをお許し願いたい。

最後に、岩波書店の上田麻里氏には、多大なアドバイスをいただき感謝の意を述べたい。氏とは、今回で岩波新書は三冊目となるが、筆者としては毎回、氏との共同作業によって完成したと考えている。氏のさらなる今後の活躍を期待したい。

二〇一五年七月

結城康博

結城康博

1969年生まれ．淑徳大学社会福祉学部卒業．

法政大学大学院修了(経済学修士，政治学博士)．

介護職，ケアマネジャー，地域包括支援センター職員として介護系の仕事に10年間従事．

現在，淑徳大学教授(社会保障論，社会福祉学)．

厚労省社会保障審議会介護保険部会臨時委員を4年間務める．社会福祉士，介護福祉士，ケアマネジャー有資格者．

著書—『医療の値段——診療報酬と政治』『介護現場からの検証』(ともに岩波新書)，『国民健康保険』(岩波ブックレット)，『日本の介護システム——政策決定過程と現場ニーズの分析』(岩波書店)，『孤独死のリアル』(講談社現代新書)他多数．

在宅介護
——「自分で選ぶ」視点から　　岩波新書(新赤版)1557

2015年8月20日　第1刷発行

著　者　結城康博《ゆうきやすひろ》

発行者　岡本　厚

発行所　株式会社　岩波書店
〒101-8002 東京都千代田区一ツ橋2-5-5
案内 03-5210-4000　販売部 03-5210-4111
http://www.iwanami.co.jp/

新書編集部 03-5210-4054
http://www.iwanamishinsho.com/

印刷・理想社　カバー・半七印刷　製本・中永製本

ISBN 978-4-00-431557-5　　Printed in Japan

岩波新書新赤版一〇〇〇点に際して

ひとつの時代が終わったと言われて久しい。だが、その先にいかなる時代を展望するのか、私たちはその輪郭すら描きえていない。二〇世紀から持ち越した課題の多くは、未だ解決の緒を見つけることのできないままであり、二一世紀が新たに招きよせた問題も少なくない。グローバル資本主義の浸透、憎悪の連鎖、暴力の応酬——世界は混沌として深い不安の只中にある。

現代社会においては変化が常態となり、速さと新しさに絶対的な価値が与えられた。消費社会の深化と情報技術の革命は、種々の境界を無くし、人々の生活やコミュニケーションの様式を根底から変容させてきた。ライフスタイルは多様化し、一面では個人の生き方をそれぞれが選びとる時代が始まっている。同時に、新たな格差が生まれ、様々な次元での亀裂や分断が深まっている。社会や歴史に対する意識が揺らぎ、普遍的な理念に対する根本的な懐疑や、現実を変えることへの無力感がひそかに根を張りつつある。そして生きることに誰もが困難を覚える時代が到来している。

しかし、日常生活のそれぞれの場で、自由と民主主義を獲得し実践することを通じて、私たち自身がそうした閉塞を乗り超え、希望の時代の幕開けを告げてゆくことは不可能ではあるまい。そのために、いま求められていること——それは、個と個の間で開かれた対話を積み重ねながら、人間らしく生きることの条件について一人ひとりが粘り強く思考することではないか。その営みの糧となるものが、教養に外ならないと私たちは考える。歴史とは何か、よく生きるとはいかなることか、世界そして人間はどこへ向かうべきなのか——こうした根源的な問いとの格闘が、文化と知の厚みを作り出し、個人と社会を支える基盤としての教養となった。まさにそのような教養への道案内こそ、岩波新書が創刊以来、追求してきたことである。

岩波新書は、日中戦争下の一九三八年一一月に赤版として創刊された。創刊の辞は、道義の精神に則らない日本の行動を憂慮し、批判的精神と良心的行動の欠如を戒めつつ、現代人の現代的教養を刊行の目的とする、と謳っている。以後、青版、黄版、新赤版と装いを改めながら、合計二五〇〇点余りを世に問うてきた。そして、いままた新赤版が一〇〇〇点を迎えたのを機に、人間の理性と良心への信頼を再確認し、それに裏打ちされた文化を培っていく決意を込めて、新しい装丁のもとに再出発したいと思う。一冊一冊から吹き出す新風が一人でも多くの読者の許に届くこと、そして希望ある時代への想像力を豊かにかき立てることを切に願う。

（二〇〇六年四月）